LES LIVRES FONCIERS

D'APRÈS

LES PROJETS DE LOIS

SOUMIS

A LA DÉLÉGATION D'ALSACE-LORRAINE

DANS LA SESSION DE 1885.

RAPPORT

PRÉSENTÉ A LA

DÉLÉGATION AU NOM DE LA COMMISSION SPÉCIALE

PAR LE DÉPUTÉ

G. GUNZERT.

STRASBOURG

K. J. TRÜBNER, ÉDITEUR

1885

LES LIVRES FONCIERS

D'APRÈS

LES PROJETS DE LOIS

SOUMIS

A LA DÉLÉGATION D'ALSACE-LORRAINE

DANS LA SESSION DE 1885.

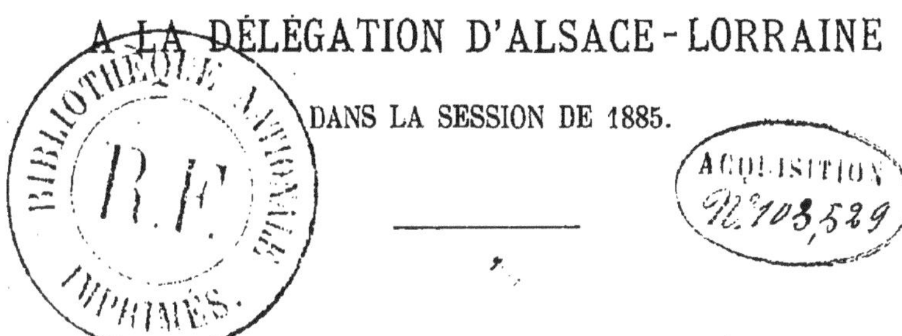

RAPPORT

PRÉSENTÉ A LA

DÉLÉGATION AU NOM DE LA COMMISSION SPÉCIALE

PAR LE DÉPUTÉ

G. GUNZERT.

STRASBOURG

K. J. TRÜBNER, ÉDITEUR

1885

TABLE DES MATIÈRES.

LES LIVRES FONCIERS

LES PROJETS DE LOIS

A LA DÉLÉGATION D'ALSACE-LORRAINE.

I. Observations générales.

Aucune branche de la législation n'exerce une influence aussi directe sur la prospérité publique, que les dispositions qui règlementent la transmission de la propriété immobilière et les charges réelles qui peuvent la grever. Le bien-être général dépend en effet surtout de la stabilité et de la sécurité de la propriété foncière, ainsi que de la sûreté et de l'extension du crédit réel. La propriété foncière n'est pas seulement un instrument de production, elle doit également favoriser et étendre le crédit. Le bonheur et la prospérité des familles reposent en grande partie sur les sûretés des institutions, qui garantissent au capitaliste la sûreté de ses placements et le détournent de spéculations hasardeuses, qui compromettent si facilement les fruits d'une vie de travail et de privations. Le législateur ne saurait dès lors se soustraire au devoir sacré de tenir compte des changements économiques, qui ont pu se produire dans la suite des temps et de porter son attention sur toutes les mesures qui garantissent l'efficacité des transactions et qui protègent avec un égal succès le créancier et le débiteur, l'acheteur et le vendeur d'une propriété foncière. Une loi qui assure tous ces avantages produit la baisse de l'intérêt, écarte l'usure et donne un nouvel essor aux transactions immobilières.

Le projet de loi qui vous est soumis a pour objet de porter de profondes modifications dans notre régime hypothécaire et notre système de transmission de la propriété foncière. Votre Commission spéciale [1] n'a pas méconnu toute l'importance des nombreuses questions que soulève le projet et les a soumises dans 33 séances à un examen approfondi en présence des commissaires du gouvernement; elle a porté principalement son attention sur les points les plus saillants et en première ligne sur la question de nécessité ou d'opportunité d'une réforme aussi radicale que celle qui est visée par le projet de loi.

Il est hors de doute, que les réformes en matière de propriété foncière et de régime hypothécaire sont à l'ordre du jour depuis de longues années dans presque tous les pays de l'Europe et ont fait l'objet de savantes dissertations de la part d'éminents jurisconsultes, ou de projets de loi qui ont été soumis aux chambres législatives. L'Alsace-Lorraine paraît ne pas être restée étrangère à ces aspirations, ce qui résulte du rapport de M. Grad sur la loi du 31 mars 1884, concernant la révision du cadastre, qui dit à ce sujet :

« Quant à la situation de l'agriculture dans notre pays, « l'agriculteur et le propriétaire d'immeubles ruraux savent « très bien avec quelles énormes difficultés ils ont à lutter. Ces « difficultés ne font qu'augmenter d'année en année. Pour- « quoi ? Par le motif très simple, la défectuosité de notre ré- « gime hypothécaire et les irrégularités des titres de pro- « priétés sont telles, qu'elles inspirent des craintes très « sérieuses aux capitalistes honnêtes et à nos établissements « de crédit. Aussi plusieurs membres de la Commission « ont-ils fait valoir la nécessité de procéder dans notre pays « à une réforme du régime hypothécaire. »

Ces projets de réforme se heurtent contre la confiance presqu'illimitée qu'inspire le Code civil. C'est une arche sainte, un monument inviolable, dont la perfection doit défendre contre toute entreprise de réforme, à moins qu'elle ne soit imposée par une nécessité absolue. Toutes les modifications que l'on se propose d'introduire doivent dès lors

---

[1] La Commission spéciale se composait de MM. Scheuch, président; Gunzert, secrétaire et rapporteur; Beyer, Grad, Juste, Köchlin, Kraft, North, Régnier, Schneegans, Thomas, baron Zorn de Bulach fils.

porter le cachet d'une utilité incontestable. La Cour d'appel de Caen n'a pas partagé, lors de l'enquête de 1841, cette haute estime du Code civil et a, selon l'avis de quelques membres de la Commission, précisé d'une manière très exacte les défectuosités du régime hypothécaire français dans les termes suivants :

« Nous ne pouvons partager cette admiration supersti-
« tieuse du Code civil. De tous les titres du Code, le titre
« des hypothèques est sans contredit le moins parfait. Il ve-
« nait proclamer et mettre en action des principes nou-
« veaux, et le temps et la pratique n'avaient pu ni les
« éprouver, ni les développer. Les rédacteurs du Code se
« trouvaient abandonnés par ce guide, qui jusque-là les
« avait si bien dirigés. L'activité de notre époque et le dé-
« placement incessant de la propriété foncière ont créé de
« nouveaux besoins : aussi l'économie politique a-t-elle, en
« matière d'hypothèque, proclamé et popularisé des prin-
« cipes nouveaux. Les jurisconsultes et les publicistes re-
« connaissent qu'il faut affranchir le crédit et les transactions
« des entraves et des dangers sans nombre qu'entraînent à
« leur suite les hypothèques *occultes, générales et indéter-*
« *minées*. Une révision du Code hypothécaire est donc à la
« fois utile et opportune. »

Le gouvernement a fait de même valoir, tant dans l'exposé des motifs du projet de loi qu'au sein de la Commission, que la législation française, malgré son mérite incontestable, n'a pas donné les résultats que l'on en espérait et n'a pas su fournir une sécurité pleine et entière soit à la propriété foncière, soit au crédit immobilier. Aussi a-t-on essayé en France de porter remède au moins en partie à un besoin assez urgent par la loi du 23 mars 1855 sur la transcription en matière hypothécaire, mais en vain, car le capital s'est de plus en plus retiré de la propriété foncière et des prêts hypothécaires, à mesure que d'un côté les facilités des moyens de transport ont augmenté la circulation commerciale et que de l'autre côté les chemins de fer, les grands établissements industriels, l'Etat, les communes et les opérations de bourse ont absorbé les fonds des particuliers. Aussi les plaintes de la part des propriétaires fonciers et des comices agricoles sur l'état désastreux du crédit immobilier n'ont-elles pas tardé à se produire et à augmenter de jour en jour. Ces plaintes ont trouvé de nouveau leur écho dans l'enquête agricole de 1884.

Du crédit personnel et immobilier.

Le propriétaire foncier est obligé d'avoir recours au crédit immobilier, surtout lorsqu'il procède à une acquisition ou à un partage d'immeubles, en cas de perte ou d'accident, pour ses dépenses d'amélioration ou d'extension de son train de labour. Les besoins de crédit augmentent avec le progrès. A mesure qu'avec le progrès le cultivateur et l'industriel se trouvent dans la nécessité de recourir à l'emprunt, se développent en même temps la circulation de la propriété foncière et les demandes de crédit. Aussi sont-elles de la plus haute importance toutes les institutions qui poursuivent le double but et d'augmenter le crédit, c'est-à-dire les dispositions du capitaliste à faire servir son argent à des entreprises productives, et de mettre le débiteur en mesure de remplir ses engagements vis-à-vis de son créancier. Le propriétaire foncier, en tant que le crédit personnel lui fait défaut, doit faire appel au crédit immobilier, qui consiste à fournir un gage au créancier, pour le mettre à même de se couvrir, le cas échéant, avec la valeur du gage. Ce qui arrête le capitaliste, c'est qu'il est quelquefois difficile de s'assurer de la sûreté du gage ; l'ensemble de l'opération est soumise à des retards regrettables, le créancier ne peut jamais compter sur un remboursement immédiat, s'il lui arrive des besoins d'argent, il doit au contraire prévoir qu'il ne pourra rentrer dans ses fonds qu'avec des pertes de temps et à grands frais.

M. de Vatismenil semble avoir indiqué les conditions essentielles du crédit dans son rapport présenté le 25 avril 1850 à l'Assemblée nationale législative, au nom de la Commission chargée de l'examen d'un projet de loi et de la proposition de M. Pougeard :

« La facilité des emprunts et le bon marché de l'intérêt « dépendent essentiellement des sûretés que le prêteur peut

« fournir à l'emprunteur. L'intérêt de l'argent peut se dé-
« composer par la pensée : une portion de cet intérêt repré-
« sente le revenu naturel du capital, l'autre est une sorte de
« compensation du danger qui menace le prêteur et même
« de la difficulté et des lenteurs du recouvrement de la
« somme prêtée. Elle correspond à la prime que ce prêteur
« paierait à une compagnie d'assurance, qui le garantirait
« contre les risques et les retards auxquels il est exposé. Les
« lois qui diminuent ces risques et ces retards sont, pour la
« prospérité générale du pays, d'une utilité manifeste. Ces
« lois sont la base essentielle du crédit. Moins le prêteur
« a des chances de perte et d'obstacles à vaincre pour par-
« venir au recouvrement de sa créance, plus les capitaux
« affluent dans les entreprises industrielles et agricoles. »

Le crédit immobilier ne peut dès lors se développer qu'autant qu'une bonne législation règle la propriété foncière et
le régime hypothécaire ; le crédit paraît être d'une nécessité
absolue pour le propriétaire foncier, qui ne trouve pas à le
satisfaire avec la loi actuelle auprès des établissements de
crédit hypothécaire, qui eux-mêmes doivent aspirer à une
meilleure réglementation dans l'intérêt du développement de
leurs transactions futures. Si les dispositions légales sur la
propriété et la constitution hypothécaire sont vagues et défectueuses, la propriété foncière et le crédit immobilier ne
reposent pas sur une base solide. La sûreté des transactions
ne suffit du reste pas pour les besoins du crédit réel, il est
en outre nécessaire que les transactions ne soient pas chargées de formalités inutiles. Le régime hypothécaire actuel
est, d'après le gouvernement, lourd, lent et dispendieux : il
ne présente pas à la propriété foncière et aux droits immobiliers une sécurité complète et la clarté désirable ; aussi le
capital se retire-t-il du crédit réel, les inconvénients sont-
ils tels que l'intérêt a partout diminué excepté pour le crédit
réel, bien que les garanties qu'il peut fournir en immeubles
devraient lui faire obtenir des conditions bien plus favo-
rables.

Si le projet de loi contient des améliorations notables, il
n'en résulte pas que l'agriculture puisse en espérer l'ouverture d'une nouvelle ère de prospérité ; l'agriculture se trou-

vant cependant dans une situation des plus critiques, elle acceptera avec reconnaissance les efforts que fait le gouvernement d'aller à son secours, d'autant plus que le secours qu'on lui offre ne doit pas être une charge pour une autre classe de la société, et qu'il ne consiste que dans une meilleure réglementation de la fortune immobilière.

La Commission spéciale n'a pu qu'adhérer à l'exposé du gouvernement, en tant qu'elle ne saurait disconvenir que la législation actuelle contient des lacunes très regrettables, qu'il s'agirait de combler dans l'intérêt de la propriété foncière. Quelques membres ont cependant fait valoir des doutes sur la trop grande portée des nouvelles mesures qu'en espère le gouvernement; ils estiment que l'agriculteur jouit déjà maintenant d'un crédit personnel ou réel suffisant; qu'il serait imprudent d'augmenter encore ce crédit, en présence des risques qu'on lui ferait courir, en l'entraînant à s'en servir à son détriment et à se lancer sans réflexion dans des acquisitions immobilières, et de faire augmenter ainsi outre mesure la valeur des terres, sauf à ne pouvoir remplir ses engagements dans les années stériles et à se trouver dans la nécessité de recourir plus amplement encore au crédit, ce qui le livre très souvent à l'exploitation de l'usurier. Il en résulte qu'une modification radicale de notre régime hypothécaire semblerait inopportune, mais qu'il suffirait d'introduire quelques améliorations dans le système de transmission de la propriété, pour ne pas déranger l'uniformité du Code civil.

Pour d'autres membres de la Commission, l'agriculteur qui est digne de crédit peut se procurer dès à présent, contre une garantie immobilière, tout le capital dont il peut avoir besoin. Ce genre de placement, qui n'est pas soumis aux chances et aux fluctuations de la Bourse, est toujours encore préféré par un certain nombre de capitalistes. Il leur paraît dangereux et contraire aux principes d'économie politique de procurer artificiellement du crédit à un agriculteur déjà couvert de dettes. Il semble inutile de lui donner de nouvelles facilités pour qu'il en abuse, dans le vain espoir de refaire ainsi une fortune fortement ébranlée. Il ne leur paraît pas démontré, que l'introduction des livres terriers produise une réduction dans le taux des intérêts; ce taux ne variera pas sans doute, puisqu'il se règle d'après les offres et les demandes, et surtout d'après les usages du pays. La situation s'est du reste déjà améliorée pour l'agriculteur qui présente des garanties suffisantes; il lui est facile, d'après les communications faites à la Commission, de trouver à emprunter au taux de 4 1/2 % sur première hypothèque.

Pour le propriétaire rural, la nécessité s'impose du reste d'avoir non seulement du crédit à bon marché, mais surtout de trouver des capitaux non dénonçables, avec la faculté de les rembourser successivement et en petits termes. La fortune du capitaliste ne se prête pas, en règle générale, à cette double facilité; le particulier ne saurait, sans léser ses intérêts, renoncer au droit de dénoncer le capital, ni accepter en annuités le remboursement de la somme prêtée. Il le fera d'autant moins qu'il trouve l'occasion de placer plus avantageusement ses capitaux en actions, obligations ou rentes sur l'Etat, qui lui assurent un revenu non moins satisfaisant, tout en lui fournissant des chances de gain et tout autant de garanties que dès placements hypothécaires. Aussi un membre de la Commission a-t-il été d'avis que, pour réaliser les tendances du projet de loi, il semblerait nécessaire d'arriver à la création d'une banque publique de crédit, qui aurait à satisfaire et les besoins de l'agriculture, en lui fournissant des capitaux à bon marché et non dénonçables, et les désirs du capitaliste de trouver un placement dont il puisse obtenir à volonté le remboursement.

Plusieurs membres insistent au contraire pour le relèvement du crédit personnel de l'agriculteur et proposent d'y porter remède en utilisant les fonds des caisses d'épargne, qu'il faudrait mettre sur place à la disposition de l'agriculture et de la petite industrie, au lieu de les verser dans une caisse centrale. C'est sous la direction d'un Conseil de surveillance, que ces fonds devraient être administrés et mis à la disposition de l'agriculteur digne de crédit. La Prusse rhénane peut servir de modèle pour la création de pareilles institutions, qui ne sauraient cependant donner de bons résultats, que si ces caisses trouvent dans un système protecteur des droits immobiliers et dans les registres publics toutes les garanties désirables.

Le développement du crédit immobilier paraît de la plus

haute importance à quelques-uns des membres de votre Commission, qui ne méconnaissent pas les dangers d'un crédit trop étendu, mais qui estiment que l'agriculteur pourra, grâce à l'introduction d'un meilleur système hypothécaire et à la consolidation de la propriété foncière, trouver l'occasion de se procurer des fonds en compte courant dans les établissements de crédit, dans des moments difficiles où les prix du tabac ou du vin, par exemple, seraient si peu rémunérateurs qu'il ne pourrait vendre qu'avec perte. Ces ouvertures de crédit lui permettraient d'attendre des moments plus propices pour la vente de ses produits. Ce crédit lui fait aujourd'hui défaut, puisque ses immeubles peuvent être grevés d'une série d'actions résolutoires, d'hypothèques générales et occultes, qui échappent à l'examen le plus attentif.

Le privilège du premier saisissant en matière mobilière paraît pour d'autres membres avoir porté une grave atteinte au crédit personnel de l'agriculteur ; aussi insistent-ils pour la suppression d'un pareil droit de préférence.

Pour d'autres membres il paraît certain que le propriétaire foncier ne jouit pas d'un crédit assez large ; ils ne partagent pas ainsi les idées optimistes dont il a été question plus haut. Le taux élevé de l'intérêt leur fournit la preuve de la défectuosité de l'organisation actuelle, qui pèse lourdement sur l'agriculture : comment peut-elle, avec des rendements de 2—3 %, payer pendant de longues années des intérêts à 5 %, outre les frais occasionnés par une constitution hypothécaire. L'agriculteur qui jouit d'une certaine aisance ne manque pas, il est vrai, de crédit immobilier ; mais le crédit personnel lui suffit pour ses besoins. Ce n'est que rarement qu'il trouvera cependant à emprunter à 4 %, puisque de pareils prêts ne se contractent que sur les maisons des villes, qui ne sont pas soumises à des fluctuations comme les immeubles ruraux. Pour développer le crédit immobilier, il n'y a dès lors qu'une voie, c'est de donner de la fixité à la propriété foncière, de la sécurité aux placements hypothécaires, des facilités à la transmission de la propriété et de ses charges ; il faudrait enfin diminuer tous les frais et honoraires. La nécessité se fait ainsi sentir de songer sérieusement à une réforme radicale, tout en ayant soin de ne pas trop bouleverser par de nouvelles dispositions les habitudes et les usages du pays.

Le gouvernement a, de son côté, insisté et appelé l'attention de la Commission sur les résultats avantageux fournis par l'expérience dans les pays où ont été organisés les livres terriers. Le taux de l'intérêt a dû céder partout ; il est moins élevé qu'en France et en Alsace-Lorraine, qui se trouvent cependant dans de meilleures conditions au point de vue de l'aisance publique et des revenus de la propriété foncière, que la plus grande partie des provinces du nord de l'Allemagne. Dans les pays de droit français, le taux de l'intérêt a pu au contraire se maintenir à son ancien taux, qui est resté le taux d'usage, tandis qu'après l'introduction des livres terriers, il a été réduit à 4 1/2 et même à 4 %, dans presque tous les établissements de crédit. Ces établissements sont en mesure, grâce à l'organisation simple et peu dispendieuse des livres terriers, de venir au secours de la petite et moyenne agriculture, ce que ne saurait faire la Société du Crédit foncier et communal en Alsace-Lorraine, malgré toutes les perfections de cette institution. Il résulte des communications faites à la Commission que la banque de Nassau, par exemple, a fait les placements suivants en 1882 :

1° Prêts de	150 — 1,500 ℳ.	. . .	498 ℳ.
2° »	1,501 — 3,000 »	. . .	199 »
3° »	3,001 — 15,000 »	. . .	167 »
4° »	15,001 ℳ. et au-delà	. . .	65 »

C'est la petite propriété qui a eu recours dans une forte proportion à ces avances, le petit agriculteur peut en toute confiance s'adresser à de pareils établissements et profiter des avantages qu'ils fournissent ; il n'en est pas de même en Alsace-Lorraine.

La diminution des frais, surtout en matière hypothécaire, ne tardera pas sans doute à exercer une heureuse influence sur les transactions immobilières et le crédit réel ; ce remède n'est cependant qu'un palliatif, si l'on ne songe pas à modifier en même temps la législation. La Bavière rhénane en fournit un exemple, puisque le crédit immobilier ne s'est pas relevé dans cette province pas plus qu'en Alsace-Lorraine, malgré une forte réduction dans les tarifs.

Le système français a souvent été comparé, au sein de la commission, aux institutions des pays voisins dans le but d'en faire ressortir tous les avantages et les inconvénients; il semble dès lors utile de reproduire dans le rapport, tous les développements que votre commission a cru devoir donner à cette importante question de législation comparée.

Droit romain.

Il est difficile de parler de la législation française, sans rappeler celle des Romains, qui en formait la base jusqu'à la révolution de 1789. Dans les premiers temps, les Romains ne concevaient pas que la tradition d'un immeuble pût avoir lieu par le seul effet du pacte. Leur droit civil avait introduit l'usage de certaines formes symboliques, pour marquer la transmission de la propriété; ces formes semblaient mettre en action la délivrance de la part de l'un et la mise en possession de la part de l'autre, elles devaient être accomplies en présence de cinq témoins. Les mêmes idées, les Romains les eurent par rapport à l'établissement d'un droit réel sur un fonds, tel que l'hypothèque. Ils ne se doutèrent pas qu'elle pût être constituée autrement que par le délaissement du fonds au créancier de la part du débiteur et qui devait durer jusqu'au remboursement de la dette. Le débiteur ne pouvait dès lors plus vendre ni hypothéquer le fonds qui n'était plus en son pouvoir, parce que soit la vente, soit l'hypothèque ne pouvaient être réalisées que par une tradition actuelle.

Plus tard il s'introduisit, comme à Athènes, un autre usage qui consistait à placer des signes visibles sur un poteau dans le fonds hypothéqué et qui garantissait les créanciers de toute surprise. Ces affiches indiquaient la créance et le nom du créancier, chaque hypothèque était ainsi spéciale et publique.

Sous les empereurs, il s'introduisit un nouveau droit. Le pacte seul opéra la tradition du fonds, les anciennes formes furent abolies. Ce changement par rapport à la vente, influa nécessairement sur le mode de création de l'hypothèque; il suffisait d'en faire la déclaration, l'hypothèque fut même attachée de plein droit à toute obligation authentique. Elle ne pouvait d'abord être imprimée que sur les biens présents, plus tard on donna à ce pacte toute l'étendue dont il était susceptible, et il fut permis de stipuler l'hypothèque sur tous les biens présents et à venir du débiteur. L'hypothèque n'établissait plus qu'un lien de droit entre les parties, sans aucune espèce de garantie pour les tiers et pour les transactions immobilières. Ce régime défectueux a exercé sa funeste influence sur toutes les législations qui ont pris le droit romain pour modèle ; c'était là la législation dans une grande partie de la France pendant le moyen âge.

Droit français jusqu'à la révolution de 1789.

Le régime hypothécaire pendant le moyen âge était presque aussi défectueux que le système du droit romain ; ce n'est que dans les provinces de Flandres, d'Artois et de Picardie, dans les pays de nantissement, que se maintint la coutume de ne transmettre que devant la justice les droits de propriété sur un immeuble, ainsi que les autres droits réels qui peuvent y être attachés. Dans les années 1553, 1581 et 1673, les rois de France essayèrent de remédier aux nombreuses plaintes contre les effets désastreux des hypothèques générales, en introduisant le principe de la spécialité et de la publicité en ce sens, que les hypothèques judiciaires et conventionnelles ne produisaient d'effet qu'autant qu'elles se trouvaient inscrites dans un registre public. Cette publicité relative jeta un si mauvais jour sur les désordres financiers de la haute aristocratie, qu'elle força chaque fois le souverain à retirer ces édits. Pour donner plus de sécurité aux transactions immobilières, Louis XV introduisit par son édit du 2 février 1771, un système uniforme pour toute la France, même pour les pays de nantissement ; ce système, qui ne manquait pas de défectuosités, prescrivait l'inscription de tous les contrats translatifs de propriété dans des registres spéciaux et l'affiche d'un extrait dans les salles d'audience des tribunaux pendant deux mois. A défaut d'inscription de l'hypothèque, l'immeuble était déclaré franc et libre de toute charge, même d'hypothèques légales, au moyen d'une lettre de ratification.

Loi du 11 Brumaire an VII.

La loi de brumaire (1er novembre 1798) qui remplaça l'édit de 1771 organisa le crédit et la sûreté des transmissions immobilières sur une bien meilleure base, en introduisant le système de la transcription, qui reposait sur les principes suivants: un dépôt public renferme toutes les affectations dont un immeuble est grevé, y compris les hypothèques légales des femmes mariées et des mineurs, les actes translatifs de propriété ne peuvent être opposés à des tiers, qu'autant qu'ils sont transcrits dans un registre public.

Code civil.

Lors de la discussion du Code civil, on perdit de nouveau de vue ce principe essentiel; on ne sut pas se pénétrer de l'importance qu'il y avait de rattacher le système hypothécaire à un système de transmission de la propriété, et l'une des plus grandes conquêtes de la loi de brumaire fut emportée à la faveur d'une omission regrettable. On fit de même une transaction en matière d'hypothèque; l'hypothèque ne fut pas entièrement publique, elle ne fut pas non plus entièrement occulte, les acquéreurs, les prêteurs, les débiteurs ne couraient plus les mêmes dangers que sous le régime des lois romaines et de l'édit de 1771, mais aussi ils n'obtinrent plus la. même sécurité que sous la loi de brumaire.

Ce revirement si regrettable ne saurait être attribué qu'à la grande variété d'opinions entre les différents rédacteurs du Code, dont les uns avaient de la peine à renoncer aux principes posés par la loi romaine et les coutumes qui s'y rattachaient, et les autres cherchaient à maintenir le droit coutumier des provinces du nord, qui était basé sur le système de la publicité et de la spécialité. C'est en faisant valoir les principes du droit romain et des considérations d'équité, que l'on parvint à conserver plusieurs hypothèques dispensées de l'inscription. En maintenant les hypothèques générales, on ne resta pas fidèle aux principes posés par la loi de brumaire, aussi les plaintes sur le manque de crédit ne tardèrent-elles à se produire et déjà en 1827, Casimir Périer ouvrit-il un concours, pour indiquer les améliorations qui pourraient être introduites dans le régime hypothécaire dans le but de lui rendre la confiance publique. Parmi les auteurs qui entrèrent en lice, il y a lieu de citer Decourdemanche dans son ouvrage: « Du Danger de prêter sur hypothèque et d'acquérir des immeubles, en vue d'amélioration du régime hypothécaire, Paris, 1829 » et Gastaldi dans sa brochure: « Recherches sur le droit foncier, Paris, 1829 » mais principalement Fœlix, qui dans les Annales de législation et de jurisprudence, (Paris, 1829, p. 163), demanda l'introduction *des livres terriers*, l'obligation d'inscrire toutes les mutations de propriété foncière dans des registres publics et la suppression de toutes les hypothèques légales. Decourdemanche fit de nouveau ressortir en 1832, tous les inconvénients du système du Code civil et principalement les fâcheux effets résultant, tant des hypothèques légales et judiciaires que des hypothèques générales.

Le Président Troplong signala à son tour, dans son ouvrage sur les hypothèques, tous les dangers qui menaçaient continuellement les acquéreurs et les créanciers; il se prononça cependant pour le maintien des hypothèques légales occultes des mineurs et des femmes mariées. Il dit à ce sujet dans la préface de son ouvrage:

« Les adversaires de l'hypothèque occulte ne veulent voir « que la facilité des prêts hypothécaires, mais il est un point « de vue plus moral et plus grand, l'intérêt de la famille et « de l'état qui serait ébranlé si la dot des femmes et le « patrimoine des mineurs n'étaient mis à l'abri des dissipa- « tions et des larcins. Les prêteurs, qui peuvent dicter la « loi du contrat, ne doivent pas être plus favorablement « traités que les femmes et les mineurs, qui ne peuvent pas « se défendre; leur sûreté doit être préférée à celle des « acquéreurs et des prêteurs ».

Cette manière de voir fut vivement critiquée par des jurisconsultes très éminents, tels que Mongalvy dans son « Mémoire sur les moyens de mettre à l'abri de tout recours les acquéreurs d'immeubles, etc., Paris, 1834 » et Wolowsky

dans la « Revue de législation, 1835, p. 277 ». Mongalvy
proposa d'inscrire dans des registres publics toutes les mutations de propriété, de tenir deux registres hypothécaires,
l'un d'après les noms des débiteurs, l'autre d'après les
immeubles, de soumettre à l'inscription toutes les hypothèques légales, de supprimer les hypothèques générales
ainsi que le renouvellement décennal des inscriptions hypothécaires. Wolowsky s'efforça de son côté à prouver la
nécessité de la transcription des actes translatifs de propriété
et de la suppression des hypothèques occultes; il ne mécon-
nut pas qu'il fût opportun de sauvegarder les intérêts des
porteurs d'hypothèques légales, et proposa d'étendre les
droits et les devoirs du conseil de famille, et de donner au
juge de paix des attributions très larges, pour arriver ainsi
à l'inscription des hypothèques légales.

Enquête de 1841.

Les critiques émanées des jurisconsultes et le nombre
considérable de procès résultant des imperfections du Code
civil, décidèrent le garde des sceaux, Martin, à adresser le
7 mai 1841 une circulaire à la Cour de cassation, aux Cours
d'appel et aux Facultés de droit, pour les inviter à donner
leur avis sur les différentes propositions d'amélioration qui
étaient alors à l'ordre du jour. Les observations émanant de
ces différentes corporations ont été réunies en 1844 sous
forme de commentaire dans un ouvrage en trois volumes
intitulé : « Documents relatifs au régime hypothécaire ».
Les critiques dirigées contre le système hypothécaire français
y ont été résumées et consisteraient principalement dans :

« 1º La non-publicité du bilan des propriétés et des rap-
« ports spéciaux qui unissent chaque débiteur à l'immeuble
« par lui donné en hypothèque, de sorte qu'il est impossible
« de connaître d'une manière certaine toutes les charges qui
« grèvent un fonds;

« 2º La clandestinité, la généralité et l'indétermination
« des hypothèques légales du mineur et de la femme mariée,

« qui dissimulent les chances d'éviction, et trompent les
« prêteurs et les acheteurs;

« 3° L'extension des mêmes hypothèques au delà des
« limites dans lesquelles les motifs de leur existence sont
« applicables ;

« 4° L'insuffisance de l'hypothèque légale pour la protec-
« tion même de la femme, le créancier exigeant qu'elle re-
« nonce à son droit de préférence et qu'elle s'engage solidai-
« rement avec son mari ;

« 5° Le trop grand nombre de privilèges sur les immeu-
« bles et leur effet rétroactif ;

« 6° Le maintien de l'hypothèque judiciaire et en tous cas,
« la dispense de mentionner dans l'inscription de cette hypo-
« thèque l'espèce et la situation des biens qu'elle frappe ;

« 7° Le danger de prêter à une personne qui gère les
« intérèts d'un mineur ;

« 8° Le défaut de publicité des transferts d'inscription,
« qui permet à un créancier d'abuser de son droit de ces-
« sion et de vendre à plusieurs personnes successivement la
« même hypothèque ;

« 9° Le défaut principal consiste enfin en ce que les hypo-
« thèques soient inscrites dans de simples registres hypothé-
« caires et non sur les immeubles, mais au nom des débi-
« teurs, de sorte qu'il n'existe pas de registres indiquant
« toute la situation légale d'un immeuble ; l'absence de
« prescriptions spéciales sur la transmission de la propriété
« produit également des atteintes très graves au crédit ».

Projet de loi de 1849.

C'est en tenant compte de ces justes observations que le
garde des sceaux fit élaborer un projet de loi sur le système
hypothécaire, qui contenait des propositions très larges sur
l'introduction de nouveaux principes sur la transmission de
la propriété foncière et le régime hypothécaire. Ce projet de
loi fut soumis à l'Assemblée nationale en 1850 avec un rap-

port de **M.** Vatismenil, dans lequel il est dit : que le Code civil a réglé la matière de la propriété et de l'hypothèque, en mélangeant les principes du droit romain avec celui de la publicité, mais au détriment du crédit immobilier. Aussi la Commission proposa-t-elle les modifications suivantes : nécessité de la transcription pour la sécurité de la propriété foncière, inscription de toutes les charges qui peuvent la grever, suppression des hypothèques judiciaires, inscription des hypothèques légales en introduisant le principe de la spécialité, restriction des actions résolutoires, simplification et diminution des frais des inscriptions hypothécaires, prolongation de la durée des inscriptions à trente années. Ce projet de loi, qui fut soumis aux Chambres françaises au milieu de l'agitation fébrile qui a précédé le second Empire, n'a pas eu d'autre suite ; mais on procéda à la même époque à une enquête (Conseil d'État, enquête sur le crédit foncier, juin 1850), qui renferme les documents les plus précieux sur les questions qui intéressent le crédit général. Il en résulte que les agriculteurs n'obtiennent que difficilement du crédit, que les intérêts et les frais sont très élevés, que les prêts se font à courte échéance, que les remboursements sont difficiles, que les créanciers sont dans la nécessité de prolonger très souvent les termes. Quarante-six Conseils généraux demandèrent une modification générale du système hypothécaire et trente-six Conseils généraux réclamèrent la création de banques agricoles.

Loi du 23 mars 1855.

C'est par des spéculations hasardées à la Bourse sur les fonds d'état et les actions des chemins de fer ainsi que par la création de grands établissements industriels que se distinguèrent les premières années du second Empire ; plus ces centres d'attraction étaient forts, plus le capital s'éloignait du crédit immobilier. On chercha à porter remède à la situation fâcheuse de l'agriculteur en créant le crédit foncier par décret du 28 février 1852. Cette institution ne répondit pas à l'attente et ne remédia pas au mal qu'on avait signalé ; aussi revint-on dans la loi du 23 mars 1855 sur la transcription en matière hypothécaire, *au moins en partie*, aux sages principes de la loi du 11 brumaire an VII.

L'économie de cette loi consiste en ce qu'elle prescrit :

1o La transcription des actes entre-vifs translatifs de propriété immobilière, ainsi que des jugements de cette nature, des actes constitutifs d'antichrèse, de servitudes, d'usage et d'habitation, ainsi que des baux d'une durée de plus de dix-huit années, enfin des actes portant renonciation à ces mêmes droits, comme conditions de validité des droits résultant de ces actes vis-à-vis des tiers, qui ont des droits sur l'immeuble et qui les ont conservés en se conformant aux lois ;

2o L'action résolutoire du vendeur disparaît avec son privilège ;

3o L'hypothèque légale du mineur et de la femme mariée est soumise à l'inscription dans l'année après la majorité ou la dissolution du mariage, sinon leur hypothèque ne date à l'égard des tiers, que du jour de l'inscription ;

4o La subrogation ou la cession de l'hypothèque légale de la femme est soumise à l'inscription.

Plusieurs membres de la Commission ne doutent pas que la loi de 1855 n'a été qu'une demi-mesure ; qu'on a craint de trop déroger à la législation existante, en introduisant un nouveau système qui seul aurait garanti les transactions immobilières et qui avait été recommandé par un grand nombre de Cours d'appel et de jurisconsultes. On y cherche en vain des prescriptions tendant à faire concorder le système avec les données de la matrice cadastrale ou à l'étendre à chaque mutation de propriété foncière ; les actes pour cause de mort, les partages ne sont pas soumis à la transcription. Cette formalité n'est du reste pas exigée vis-à-vis de tous les tiers, mais seulement vis-à-vis des tiers qui ont acquis des droits et les ont conservés par l'accomplissement des formalités prescrites par la loi. La transmission se fait entre les parties sans aucune espèce de forme ; le système du Code civil est maintenu, de sorte que la propriété peut être transmise verbalement ou par acte sous seing-privé. La pratique a suffisamment fait connaître combien un pareil système donne peu de sécurité et de fixité à la propriété foncière. Les actes sous-seing-privé sont une source d'erreurs et d'irrégularités, en ce que les parties et les immeubles sont souvent mal désignés, que des personnes stipulent sans aucune qualité, etc.; de là la difficulté de tenir les registres de transcription avec tant soit peu de régularité. Ces registres ne peuvent être utilisés qu'avec des pertes de temps incalculables, non seulement parce qu'ils ne contiennent que des copies complètes des actes translatifs de propriété, sans aucune espèce de concordance ou de clarté, mais aussi parce qu'il est indispensable la plupart du temps de remonter vers les propriétaires précédents, pour se mettre à l'abri de la prescription, ce qui occasionne une infinité de recherches dispendieuses. Dans le cas où l'on entend acquérir de A, il ne suffit pas, en effet, de rechercher s'il est propriétaire, s'il n'a pas cédé ses droits à un tiers qui a fait transcrire son titre; l'acquéreur doit faire les mêmes recherches pour un certain nombre de précédents propriétaires.

Malgré ces retards et ces dépenses assez considérables, il n'est pas sûr d'arriver à son but; car l'expérience prouve que l'on néglige de soumettre à la transcription un grand nombre d'actes, de sorte qu'il est souvent impossible d'arriver à une chaîne complète d'actes transcrits [1].

Les acquéreurs et les vendeurs seraient dans une sécurité complète, si la transcription avait pour effet d'autoriser à regarder comme propriétaire celui qui a accompli cette formalité, si la transcription consacrait la propriété; mais elle ne transmet à l'acquéreur que les droits que le vendeur

---

[1] Dans les années 1879 et 1880, les ventes enregistrées comprenaient 48,65 p. 100 (y compris les adjudications) d'actes notariés et 50,35 p. 100 d'actes sous seing privé, les échanges 40,03 p. 100 d'actes notariés et 59,97 p. 100 d'actes s. s. p., les partages 81,80 p. 100 d'actes notariés et 18,20 p. 100 d'actes s. s. p.

Étaient transcrits sur 100 actes :

Actes de vente	78,00 notariés et 22,90 s. s. p.	
Echanges	81,75 »	18,25 »
Partages	99,27 »	0,75 »

Les actes sous seing privé ne comprenaient que le septième des valeurs, qui faisaient l'objet d'actes authentiques.

avait à la propriété de l'immeuble. Si le propriétaire n'avait qu'un titre vicieux, la transcription n'a point purgé les vices de ce titre. La transcription n'est ainsi qu'une fausse apparence de sécurité pour le prêteur comme pour l'acquéreur. La transcription laisse encore le contrat affecté de son vice pendant toute la durée de l'action en rescision, si le consentement n'a été donné que par erreur, ou s'il a été extorqué par violence ou surpris par dol ; elle ne met pas en outre à l'abri de la résolution pour survenance d'enfant, pour défaut d'accomplissement des charges, d'une action en réduction de biens compris dans une donation excessive, d'une action en lésion, d'une acquisition d'un bien indivis, de contrats passés avec des mineurs, des interdits, avec un failli, une femme mariée, avec un héritier apparent. Cette incertitude se trouve encore augmentée par l'exercice d'hypothèques légales ou de privilèges : un prêteur peut être ainsi en conflit avec le privilège d'un architecte ou d'un héritier, dont l'inscription peut primer la sienne, bien qu'elle soit postérieure en date.

Le débiteur lui-même ne se trouve pas dans une position meilleure : s'il veut emprunter, il n'est pas en son pouvoir de justifier au prêteur qu'il lui offre des garanties suffisantes ; s'il veut vendre ses immeubles pour en appliquer le prix à la liquidation de ses dettes, sa véritable situation ne peut être connue qu'après de longues formalités ; il faut notifier le contrat aux créanciers, pour faire courir les délais de la surenchère ; il faut notifier au tuteur, à la femme mariée. Celui qui n'a vendu que pour acquitter des dettes est pendant ce temps accablé de poursuites, dévoré par les frais, et il est insolvable, lorsque le moment arrive de toucher le prix qu'il destinait à sa libération.

La transcription ne sert souvent qu'à favoriser le dol et la surprise. Si l'acquéreur ne fait pas transcrire son titre après l'avoir soumis à l'enregistrement, les créanciers du vendeur sont trompés dans leurs recherches, quand même ils remontent à dix, quinze années dans les registres de transcription ; ils sont ainsi amenés à accorder du crédit sur la foi de ces registres, mais se trouvent sujets à une déception si, au moment d'une déconfiture, l'acquéreur fait transcrire son titre, puisqu'ils n'ont acquis aucun droit sur les immeubles de leur débiteur. Il en est de même, si l'un des précédents propriétaires a négligé de faire transcrire son titre ou si l'un des titres transcrits est soumis à une action résolutoire. Cette incertitude peut durer par suite d'une interruption des délais de prescription pendant plus de trente années.

L'article 3 prescrit bien certaines formalités, mais sans une sanction spéciale, de sorte qu'un grand nombre d'actes ne sont pas soumis à la transcription, ce qui a pour conséquence qu'un certain nombre d'immeubles se trouvent en dehors du commerce, au moins sans aucune sécurité pour les transactions, puisque le précédent propriétaire et ses héritiers peuvent encore en disposer. Il en résulte une espèce de propriété à double face, deux personnes étant à même de disposer en même temps d'un immeuble. De là des contestations sans fin et des controverses très regrettables, que la jurisprudence n'a pas toutes résolues.

Nous avons déjà appelé l'attention sur les difficultés innombrables et compliquées que présentent les recherches dans les registres de transcription. Ces registres contiennent, par ordre de présentation, pêle-mêle, une copie de tous les actes du ressort de la conservation, sans distinction entre les clauses essentielles et les clauses superflues. Depuis trente années le nombre des registres a considérablement augmenté, ce qui retarde les recherches, au grand détriment de la rapidité des transactions. La partie intéressée ne saurait du reste elle-même ouvrir les registres, quoiqu'ils soient publics; il n'appartient qu'au conservateur des hypothèques de délivrer des états de transcription, ce qui occasionne quelquefois une perte de temps d'une quinzaine de jours. Le cas échéant, il devient nécessaire de recourir encore à des recherches sur d'autres prédécesseurs, et il n'est pas rare qu'il s'écoule des mois avant que la situation ne soit éclaircie. Ce travail assez compliqué est à recommencer à chaque mutation du même immeuble. Dans le système des livres terriers, ces vérifications ne se font qu'une fois par le juge, lors de l'inscription d'une mutation, et le tiers de bonne foi est préservé contre toute surprise par la présomption *juris et de jure*, qui est attachée à la foi due aux livres terriers.

Pour parer à ces inconvénients, on avait proposé, en France et en Belgique, de rattacher le cadastre aux conservations des hypothèques, de sorte que la publicité aurait servi de base à la stabilité de la propriété foncière. Cette proposition n'a pas été admise, à raison de l'imperfection des matrices cadastrales. Un système de publicité inexact serait un danger pour les tiers, au lieu d'être une garantie.

Les plaintes sur le peu de sécurité qu'offre le système de transmission de propriété, n'ont du reste pas complètement disparu depuis la loi sur la transcripion, ce qui ressort de diverses pétitions adressées au Sénat français dans les années 1861, 1863, 1865 et 1866. La dernière pétition se distingue des autres en ce que les signataires ne réclamaient pas seulement la révision du cadastre, mais aussi « l'établissement du livre constitutif de la propriété foncière ». Les diverses réformes que l'on proposait avaient pour but, d'après le président Bonjean : 1° Constituer la propriété inviolable en fait, comme l'a proclamée inviolable en théorie le Code Napoléon; 2° donner son véritable essor à une nécessité vitale pour l'agriculture : *le crédit, par suite d'une détermination incontestable de la propriété de chacun et de la transformation du système hypothécaire.* Pour atteindre ce but, le président Bonjean proposa, dans son ouvrage sur la révision et la conservation du cadastre, l'introduction de livres terriers, qu'il nomma *cadastre-titre* ou registre de l'état civil de la propriété foncière, et qui devaient servir, par l'introduction de *feuilles réelles*, à désigner exactement *le véritable propriétaire, l'étendue de ses droits, ainsi que les hypothèques et les autres charges;* ainsi d'un côté l'étendue de ces droits, de l'autre côté les droits compétant à des tiers, qui peuvent restreindre plus ou moins ceux du propriétaire.

« Ce sera, dit-il (p. 329), le cadastre-titre, c'est-à-dire le seul monument public de la propriété. Tout ce qui y sera porté fera la loi contre tous; ce qui n'y sera pas mentionné sera considéré comme non avenu, au moins dans ses effets à produire envers les tiers. » C'est vers le même but que tendent les différents projets de loi, que le gouvernement vient de soumettre à la Délégation.

Les projets de réforme de M. Bonjean ont été repris plus tard par le président d'une chambre de notaires, M. Tremoulet, qui recommanda encore récemment, en 1882, dans

une série de pétitions aux Chambres françaises et dans des
publications diverses, l'introduction de livres fonciers sem-
blables à ceux qui régissent l'Allemagne.

Quelques membres de la Commission ont, de leur côté,
exprimé l'opinion que les critiques contre les principes du
Code civil sur la transmission de la propriété et le régime
hypothécaire avaient complètement cessé depuis 1855, la loi
sur la transcription ayant d'un côté sagement remédié aux
défectuosités que l'on y signalait et fourni toutes les garanties désirables aux transactions immobilières, et donné, d'un
autre côté, toutes les facilités au crédit immobilier; l'introduction des livres terriers, avec toutes leurs conséquences,
dont on ne saurait prévoir la portée, semble ainsi inutile et
inopportune, d'autant plus qu'il serait difficile de les concilier avec les habitudes du pays. Cette manière de voir se
base principalement sur l'opinion de M. Troplong, qui a eu
le mérite d'avoir pris une part très active à la confection de
la loi de 1855 et qui s'exprime ainsi au sujet de ces critiques dans son commentaire sur la transcription :

« Une autre organisation, dit-il en cet ouvrage, soumet-
« trait les parties à la servile imitation de pratiques con-
« traires aux mœurs et à l'esprit français.

« L'ancien droit germanique ne séparait pas la transmis-
« sion de la propriété de la publicité de la tradition ; cette
« publicité y était sacramentelle ; sans elle il n'y avait pas de
« déplacement de propriété. Le moyen âge, loin de modifier
« ce principe, le consolida; la propriété privée, soit qu'on la
« considérât comme une émanation du droit féodal, soit
« qu'on la rattachât à une origine communale, se manifesta
« dans ses mouvements par des signes publics, la tradition
« resta solennelle et le domaine civil ne fut transféré à
« l'acheteur qu'autant que ce dernier était investi par l'auto-
« rité du magistrat.

« Dans le droit allemand, la vente dépend ainsi de la
« forme, en France elle dépendait du simple consentement.
« L'avantage du droit allemand est la certitude : en contrac-
« tant avec celui que les registres désignent comme proprié-
« taire, on a la satisfaction d'avoir en main la preuve *juris et*
« *de jure,* qu'on a acquis un droit à l'abri de toute contesta-

« tion ; mais cette certitude est obtenue souvent aux dépens
« de la justice et toujours aux dépens de la facilité et de la
« promptitude des affaires. Pour en faire jouir les trans-
« actions, il faut faire peser sur la propriété et sur le crédit
« un formalisme accablant, dont on ne saurait s'accommoder
« en France. La féodalité n'est pas éteinte en Allemagne, on
« y voit un ensemble de faits qui attestent les habitudes de
« conservation et d'immobilité et une lutte des lois et des
« mœurs contre le morcellement des propriétés. En France,
« au contraire, la terre se meut sans entraves ; elle est sou-
« mise à une action de division et de recomposition alterna-
« tives, qui multiplie les transactions, accroît sans cesse le
« nombre des possesseurs, augmente la valeur de la terre et
« ajoute par conséquent à son crédit.

« La loi de 1855 n'a pas soumis les mutations par décès à
« la nécessité de la transcription, la succession ayant tou-
« jours été considérée comme une dévolution de plein droit,
« en vertu de la maxime : le mort saisit le vif ; le droit de
« l'héritier ne saurait être suspendu, la dévolution des biens
« par le décès ne doit pas avoir d'intervalle. Par la nécessité
« de la transcription au profit des légataires, on subordonne-
« rait la validité des testaments à l'accomplissement d'une
« formalité postérieure. »

M. Troplong ajoute dans un autre passage :

« Grâce aux livres terriers, l'état civil de la propriété aura
« des registres comme l'état civil des personnes ; son exis-
« tence pourra toujours être connue, toujours suivie dans
« toutes les mains par où elle passe, avec toutes les modifi-
« cations qui peuvent en augmenter ou en diminuer la va-
« leur, et ainsi le régime hypothécaire lui-même reposera
« sur une base solide et sûre, en même temps que l'établis-
« sement de la propriété se trouvera public par des signes
« patents et des caractères certains. »

Les Commissaires du gouvernement ont répondu à ces
objections :

M. Troplong reconnaît tous les avantages des livres fonciers, qui fournissent une garantie pleine et entière à la
propriété ; il critique seulement le système qui est empreint
du caractère allemand et ne saurait convenir à l'esprit fran-

çais et à un pays dont la propriété foncière est si morcelée. Les mêmes doutes, qui visent sans doute les feuilles réelles, ont déjà été exprimées par le Cour d'appel d'Angers, qui se prononça néanmoins pour le système des livres fonciers. Cette manière de voir peut sembler surannée, puisque ce système a non seulement été admis par presque tous les Etats de l'Allemagne, mais aussi avec les meilleurs résultats en Suisse, en Angleterre, dans l'Amérique du Nord et depuis 1860 en Espagne. Le système prussien n'a pas seulement été introduit, comme on semble le croire, dans les pays où existent encore de grandes agglomérations de biens-fonds, mais aussi là, où la terre est tout autant, même plus morcelée qu'en France et en Alsace-Lorraine, par exemple dans les Etats de Hohenzollern-Hechingen, de Hesse, dans la province de Saxe, etc. Il paraît du reste inconcevable, quand on se rend compte des inconvénients et des difficultés regrettables que présente le système français, qu'on puisse reprocher la lourdeur et le formalisme à un système qui facilite, d'après les données de l'expérience, les transactions à la satisfaction des parties intéressées. Déjà en 1868, ce contraste entre les deux systèmes a été mis en évidence dans un article inséré dans la *Revue critique* dans les termes suivants: « Nous nommons ce système allemand pour nous conformer à l'usage ; car il nous paraît devoir s'adapter beaucoup mieux que le nôtre au génie français ». Et plus loin : « Il est un peu singulier de voir que ce principe d'égalité absolue entre tous les droits, si nettement formulé et appliqué, nous vienne de la féodale Allemagne, où existe l'inégalité des droits politiques, et qu'il soit repoussé par la France égalitaire ».

L'opinion de M. Troplong ne paraît plus, du reste, être partagée en France, principalement dans les sphères de l'agriculture. Lors de l'enquête agricole de 1866, la moitié des personnes entendues s'est prononcée, sans qu'il leur ait été posé une question spéciale à ce sujet, pour le changement du cadastre en des livres fonciers où seraient inscrits tous les droits réels.

C'est là le but du projet de loi, qui vise principalement l'adoption et la consécration des principes suivants :

1° L'acquisition et la validité de tous les droits réels sont soumises à l'inscription dans les livres fonciers ;

2° Ces derniers ont une force probante absolue ;

3° Les effets des actions résolutoires, ainsi que des privilèges et des hypothèques légales, sont subordonnés à l'inscription, de sorte que ces effets ne se produisent que du jour de l'inscription et ne s'étendent pas au delà des besoins du créancier et de l'intérêt général.

Ce n'est pas en France seulement, mais aussi dans tous les pays soumis au Code civil français, que s'est fait sentir la nécessité de modifier le régime hypothécaire, en prescrivant la publicité de la transmission foncière et en restreignant la portée des hypothèques légales. Partout la législation a introduit d'utiles et salutaires réformes.

Législation étrangère.

I. Sardaigne.

Dans le royaume de Sardaigne parut le 16 juillet 1822 une loi hypothécaire, prescrivant au notaire, qui reçoit un acte constitutif d'une hypothèque légale au profit d'une femme mariée ou d'un mineur, d'en soigner l'inscription.

II. Bade.

Lors de l'introduction du Code civil dans le grand-duché de Bade, on ajouta au droit provincial et coutumier un article additionnel, d'après lequel l'acquéreur d'un immeuble ne peut faire valoir ses droits de propriété ou grever l'immeuble, que s'il s'est fait inscrire dans un registre foncier. C'était la sanction du principe de la transcription ; la tenue en fut confiée à l'autorité communale, qui a à soigner en même temps l'inscription dans les registres hypothécaires. Les lois postérieures du 10 mars et 18 avril 1810, 19 août 1819 et l'instruction du 6 septembre 1822 contiennent en outre les prescriptions suivantes : l'inscription des titres

translatifs de propriété se fait dans les livres fonciers, l'inscription des droits de préférence dans les registres hypothécaires, une hypothèque inscrite ne se prescrit point, les
hypothèques légales des femmes mariées et des mineurs
sont à inscrire dans les registres hypothécaires, les autorités
compétentes ont à veiller à ce que ces droits soient conservés,
et l'inscription se fait sous leur responsabilité.

III. États du Pape.

La loi papale de 1834 contient de même des améliorations
très importantes à la loi hypothécaire française ; elle maintient les hypothèques légales et judicaires, mais seulement
en tant qu'elles sont inscrites dans les registres publics.
Tous les actes translatifs de propriété, y compris les donations, sont soumis pour leur validité à l'inscription dans les
livres publics.

IV. Hollande.

C'est principalement la Hollande qui a reconnu à temps
les inconvénients du système français et y a remédié par la
loi du 28 avril 1834, qui est basée sur les principes de la
publicité et de la spécialité ; les hypothèques générales
légales et judiciaires sont supprimées. Le tuteur est soumis
à une hypothèque dont le juge du canton fixe le montant ;
la femme est garantie par l'inscription d'une hypothèque
spéciale. L'article 710 consacre en outre le principe important, que la propriété d'un immeuble ne s'acquiert que par
la transcription du titre dans un registre public.

V. Belgique.

En Belgique, on institua en 1847 une Commission de
révision chargée d'élaborer un projet, qui obtint force de
loi le 16 décembre 1851. Cette loi part du principe de la
nécessité de l'inscription de la propriété foncière et prescrit
que tous les titres, volontaires ou forcés (jugements), oné-

reux ou gratuits, soit qu'ils soient translatifs ou seulement déclaratifs de propriété (partages), sont soumis à l'inscription. Les hypothèques judiciaires et générales sont supprimées, les hypothèques sont divisées en conventionnelles et testamentaires, les hypothèques légales des mineurs et des femmes mariées sont spécialisées et soumises à la publicité; le délai du renouvellement de l'inscription est prolongé à quinze ans, la procédure de purge est enfin soumise à des formalités moins compliquées.

VI. *Bavière rhénane.*

Un projet de loi a été élaboré pour la Bavière rhénane en 1835, mais il est resté à l'état de projet. Aussi le gouvernement chercha-t-il à porter remède aux nombreuses plaintes sur l'absence de crédit, en prescrivant les actes notariés obligatoires pour les ventes et partages d'immeubles, et en prenant des mesures pour l'inscription des hypothèques légales des mineurs.

VII. *Suisse.*

En Suisse, on a consacré depuis longtemps le principe de l'inscription dans un registre public des transmissions et des charges de la propriété foncière. La loi bernoise pose le principe que le droit de propriété ne s'acquiert que par la saisine judiciaire qu'en obtient le nouveau propriétaire, soit que la transmission ait lieu en vertu d'un contrat, soit par succession. Les servitudes sont de même soumises à cette saisine judiciaire. Les hypothèques reposent sur le système de la spécialité. La femme mariée peut en tout temps obliger son mari à lui fournir une garantie pour la moitié de sa dot.

La loi du 28 mai 1824 contient pour le Valais des dispositions qui soumettent les hypothèques à la publicité, suppriment les hypothèques judiciaires et n'accordent à la femme mariée une hypothèque, qu'autant qu'elle résulte d'une convention expresse.

La loi de Fribourg du 23 mai 1833 maintient les hypothèques légales, mais ne les rend efficaces que du jour de l'inscription; l'hypothèque judiciaire ne prend naissance vis-à-vis des tiers que par l'exécution forcée sur des immeubles déterminés et du jour de l'inscription. Les immeubles futurs ne peuvent être grevés d'une hypothèque.

Transcription. — Inscription.

Tous ces législateurs ont proclamé le principe que l'inscription était le meilleur mode de publicité pour arriver à faire connaître aux tiers les actes de mutation de la propriété et les charges qui peuvent la grever. De quelle manière cette inscription doit-elle se faire? Il s'est formé à ce sujet deux systèmes : l'un consiste dans la transcription, c'est-à-dire dans la copie textuelle de l'acte translatif de propriété. Ce mode présente l'avantage que le tiers, qui examine le registre public, est à même de peser les termes et le sens des conventions des parties, tandis que des extraits sont souvent imparfaits, entraînent à des erreurs et à de fausses appréciations; des parties essentielles du contrat peuvent être négligées ou supprimées dans un extrait, sans négligence ou malveillance de l'officier public ou des parties intéressées, ce qui peut occasionner des procès ou une responsabilité très lourde pour l'officier public. Ces avantages ne peuvent en outre être atteints, que si l'on se trouve en présence de faits simples et clairs; s'il se présente la moindre complication, les parties ne sont plus en mesure de distinguer, dans l'ensemble d'un acte, tous les points qui peuvent avoir leur importance.

Le second système, celui de l'inscription par extrait d'un acte, présente en ce sens des avantages sur la transcription, qu'il facilite à l'employé ses recherches et permet aux parties de se rendre facilement compte des données du livre foncier. Par l'inscription on obtient, en tant qu'elle est soumise à la vérification du fonctionnaire qui en est chargé, une image claire et positive du véritable état de la propriété et même compréhensible pour tous ceux qui ne sont pas initiés à la législation. Ce système est préférable à l'autre, le registre public devant seulement servir, selon les motifs du projet de loi autrichien, à justifier par son contenu les acquisitions, modifications et extinctions des droits réels et non à l'insertion des conventions particulières des parties. Son but essentiel est de donner la garantie à celui qui prend connaissance des registres, qu'il a devant lui une image sincère et complète de tous les droits qui se rapportent à tel ou tel immeuble. Telle est aussi la formalité de l'inscription, telle qu'elle est prévue par le projet de loi.

Des registres de transcription et d'inscription.

Le système français a introduit les registres de transcription et les registres d'inscription. Le registre de transcription ne peut pas indiquer d'une manière certaine les droits de propriété, puisque tous ces droits ne sont pas soumis à la formalité de la transcription ; la transmission conventionnelle doit, il est vrai, être publique pour être valable vis-à-vis des tiers, mais il n'en est pas de même de la transmission héréditaire. La transcription ne saurait en outre, selon les explications données ci-dessus, avoir un effet positif pour consolider la propriété.

Le registre des inscriptions dans le système français n'est pas en mesure d'indiquer d'une manière sûre les charges grevant les immeubles, une grande partie des hypothèques n'étant pas sujettes à l'inscription et la validité des bordereaux n'étant pas vérifiée par l'autorité.

Répertoire.

Dans le but de faciliter les recherches des actes inscrits, il se tient un troisième registre, le répertoire, qui indique les transcriptions et les inscriptions d'après les noms des propriétaires. Le répertoire n'a pas les caractères d'un véritable registre hypothécaire, il ne vous indique que les hypothèques inscrites sur la personne dénommée et non les hypothèques du chef de précédents propriétaires. C'est à l'aide d'un quatrième registre que se constatent ces dernières charges.

Toutes ces recherches tombent avec l'introduction des

livres fonciers ; il suffira d'ouvrir le livre, pour obtenir de suite les renseignements les plus précis et les plus complets.

De l'organisation des registres.

Au moment de prendre l'inscription, se soulève la question importante : si elle doit être faite en regard de chaque immeuble ou sous le nom du propriétaire. Le premier système offre l'avantage d'un aperçu complet et se recommande non seulement dans les pays où la propriété n'est pas divisée et où la législation empêche le morcellement des terres, mais aussi là où la propriété est morcelée, du moment qu'on introduit la facilité de se servir en même temps de feuilles personnelles.

On a·, il est vrai, exprimé en France et en Belgique le doute que ce système puisse être introduit dans les pays où la propriété est soumise à des partages et des morcellements continuels. On serait obligé, d'après ce qui a été dit dans les Chambres belges, de faire les inscriptions par sections et numéros d'après les plans cadastraux, ce qui pourrait entraîner de nombreuses erreurs dans les chiffres soit de la part des parties, soit de la part des conservateurs. Il faudrait, à côté du registre principal, où seraient inscrits les noms des propriétaires, un registre subsidiaire dans le sens du cadastre, qui ne serait pas destiné en première ligne à l'inscription des droits de propriété et de ses charges, mais seulement à faciliter les recherches des parties et du conservateur des hypothèques. Aussi la Commission belge proposa-t-elle d'imposer à la partie qui présenterait un acte à la transcription, de produire un extrait de la matrice cadastrale avec la description précise des immeubles, que l'on entendait soumettre à la transcription.

Si le principe de la publicité doit être appliqué dans toutes ses conséquences, la nécessité s'impose de recourir, pour l'inscription des charges, au système de la pure spécialité, c'est-à-dire d'organiser les registres, de telle sorte qu'ou bien chaque immeuble obtienne sa feuille spéciale, ou bien que les immeubles grevés de charges soient inscrits sur les feuilles au nom des débiteurs.

L'économie des registres consiste à désigner à toute partie intéressée chaque immeuble, les droits qui en résultent ainsi que les charges qui le grèvent. C'est seulement sous ces conditions que l'on arrive à une application saine du principe de la publicité, tel qu'il est consacré par le système des livres fonciers.

Du systéme des livres fonciers.

Du principe de la publicité.

Un livre foncier ne peut remplir son but que s'il est public ; cette publicité a son côté formel et son côté matériel. Le côté formel consiste dans la faculté, pour toute partie intéressée, d'en prendre connaissance ; le côté matériel est basé sur le principe que tout ce qui y est inscrit est vrai, ou doit au moins être considéré comme tel ; il en résulte que celui qui acquiert un immeuble ou des droits qui y sont attachés, est garanti contre toute réclamation de la part de tierces personnes, en tant qu'elle se baserait sur des droits qui ne résulteraient pas du livre foncier.

On entend par publicité d'après le projet de loi, la faculté d'être renseigné par le livre foncier de l'ensemble des circonstances, qui peuvent exercer une influence quelconque sur toute convention se rapportant à la propriété foncière et au crédit réel. Les livres fonciers ont pour mission de renseigner exactement les parties :

1° Sur l'existence de l'objet de la convention, c'est-à-dire de l'immeuble lui-même ;

2° Sur sa valeur, en tant que besoin ;

3° Sur les droits du vendeur ou du débiteur, d'aliéner ou de grever l'immeuble ;

4° Sur les droits des tiers.

Pour arriver à ces résultats, il est indispensable que le droit de propriété ou l'hypothèque ne puissent être acquis que par l'inscription de toutes les mutations tant par acte entre-vifs que par suite de succession, qu'en principe toutes

les charges et restrictions permanentes, toutes les restrictions au droit de propriété ou à la faculté d'en disposer,
soient soumises à l'inscription pour leur validité, que la
prescription ne puisse être acquise contre le propriétaire
inscrit ou contre un droit réel, tant qu'il n'est pas rayé,
qu'elle ne puisse au moins être opposée aux tierces personnes, que le principe de publicité agisse également dans
l'intérêt des personnes, dans ce sens que chacun puisse en
prendre communication et se faire délivrer des extraits authentiques contre paiement des frais.

De la spécialité.

Le principe de la publicité exige l'application d'un autre
principe, celui de la spécialité, qui ne permet d'inscrire que
des immeubles déterminés et des charges réelles spécialisées,
indiquant exactement l'objet grevé et l'importance de ses
charges; il en découle la conséquence qu'une hypothèque
ne peut frapper qu'un immeuble spécialement désigné et
pour des sommes fixes et déterminées. Le principe de la
spécialité exclut les hypothèques générales, qui reposent
sur tous les immeubles présents et futurs et sont contraires
au principe de l'inscription sur un immeuble spécial; il
exclut de même les hypothèques légales, qui comprennent
les charges réelles résultant de dispositions légales, sans
être soumises à la nécessité de l'inscription. Les hypothèques judiciaires sont des hypothèques générales dans le sens
indiqué ci-dessus et doivent être au moins restreintes à des
immeubles déterminés; elles ne sauraient dès lors continuer
à subsister dans leur généralité.

Du principe de la légalité.

Le livre foncier ne saurait avoir une si haute portée, que
si des mesures sont prises pour que rien n'y soit inscrit, qui
ne doive pas s'y trouver. Aussi le projet de loi indique-t-il
les conditions sous lesquelles se font les inscriptions; il les

soumet, dans chaque cas spécial, à une vérification de la part de l'autorité ; c'est là le principe de la légalité.

D'après le droit français, il n'appartient pas au conservateur des hypothèques de juger la validité des actes soumis à la transcription ou à l'inscription ; il lui incombe seulement, en cas de radiation d'une inscription, de vérifier sous sa responsabilité si la demande en mainlevée se justifie d'après les documents qu'on lui soumet.

Le système du livre foncier prescrit, au contraire, à l'autorité chargée de la tenue des livres, de vérifier si la demande d'inscription est suffisamment justifiée en fait et en droit, et s'il n'existe pas d'empêchement à l'inscription. Lors de l'inscription d'une hypothèque, il y a lieu surtout d'examiner, s'il existe une créance certaine qui doive être garantie par l'inscription. Cet examen doit s'étendre tant aux déclarations faites par les parties qu'aux rapports qui existent entre elles, pour constater si elles sont capables d'agir en fait et en droit, si elles sont régulièrement représentées, etc. Un pareil examen a pour effet de donner une plus grande sécurité et une plus forte sanction au droit de propriété et aux autres droits réels.

Il résulte cependant des données de l'expérience que la responsabilité du fonctionnaire ne doit pas s'étendre plus loin, jusqu'à l'examen de la validité de la convention même. Aussi le projet de loi se place-t-il au point de vue de la loi prussienne et du principe appelé *principe du consentement*, qui consiste à dispenser le fonctionnaire de la vérification des rapports obligatoires entre les parties, l'inscription devant se faire seulement sous la foi des déclarations abstraites des parties intéressées. La procédure n'en devient que plus simple, les parties sont dispensées de la production de leurs actes (excepté dans le cas d'une constitution hypothécaire, à raison du caractère accessoire de ce droit).

Le système des livres fonciers, en tant qu'il est basé sur les principes de la publicité et de la spécialité et sur la conséquence que celui qui est inscrit comme propriétaire est à considérer comme tel vis-à-vis des tiers, a pour effet d'écarter tous les inconvénients que n'avait pas fait disparaître la loi du 23 mars 1855 sur la transcription. L'inscription garantit les tiers :

1º Contre les actions en résolution ou en révocation pour cause d'inexécution des conditions imposées à l'acquéreur, soit par contrat, soit par testament, par exemple dans les ventes, donations entre-vifs ou pour cause de mort ;

2º Contre les actions en nullité pour vices adhérant à la convention, par exemple pour cause d'incapacité d'une des parties, pour violence, dol, erreur, lésion d'un quart ou de moitié ;

3º Contre les actions résultant de la loi, par exemple dans les cas de donations excédant la quotité disponible, dans les cas de rapport ou de réduction dans les partages.

La suppression complète de ces droits aurait porté une atteinte trop forte aux habitudes contractées sous l'empire du Code civil ; aussi les a-t-on maintenus en partie, en les soumettant dans différentes dispositions du projet de loi à certaines restrictions, pour les adapter aux principes qui régissent les livres fonciers.

Une hypothèque ne peut s'inscrire que si le livre foncier justifie non seulement de l'existence de l'immeuble, mais aussi du droit de propriété du débiteur, le propriétaire pouvant seul consentir une hypothèque. Sans cette justification, les hypothèques seraient dépourvues de toute foi publique ; le fonctionnaire ne devant inscrire que les hypothèques consenties par le propriétaire, comment le droit de propriétaire pourrait-il être prouvé, si ce n'est par le livre foncier lui-même. La nécessité de la réforme du régime hypothécaire se lie dès lors intimement à la consécration légale du droit de propriété.

De l'acquisition du droit de propriété.

En droit français, la propriété immobilière s'acquiert entre les parties par le seul consentement et vis-à-vis des tiers, par la transcription du titre d'acquisition.

En droit romain, la propriété foncière s'acquérait par la tradition, dans l'ancien droit germanique par la dessaisine et l'inscription au livre foncier. La dessaisine consistait, dans l'origine, dans l'acte passé devant tous les habitants de la commune, plus tard devant le juge et les échevins ou le Conseil communal, et par lequel l'acquéreur et le vendeur sanctionnaient publiquement leur convention. Le juge envoyait dans les anciens temps l'acquéreur en quelque sorte en possession personnelle par une espèce de jugement (*investitura*) ; plus tard son intervention se réduisit à l'inscription de la dessaisine dans les registres fonciers, lorsqu'on eut reconnu que l'acquisition sanctionnée par le juge devait avoir la même valeur qu'une dessaisine cérémonielle. La dessaisine reposait principalement sur la publicité, sur la volonté des parties exprimée devant le juge et sur l'intervention de ce dernier par l'inscription aux registres fonciers. La nécessité de l'inscription dans un registre public est dès lors d'origine essentiellement germanique. La vente et la dessaisine ne formaient qu'un acte, il y avait confusion entre le lien obligatoire, qui résultait de la convention et la dessaisine, qui produisait la transmission de la propriété.

On n'est pas resté fidèle à ce principe là où le droit romain, avec ses idées de tradition, a exercé son influence et où le droit particulier n'a pas maintenu la nécessité de l'intervention du juge et de l'inscription dans un registre public, et cela au grand détriment du crédit et des transactions, la tradition ne constituant pas un acte public reconnaissable pour tous.

L'ancien droit allemand a cru pouvoir allier ces deux principes, en reconnaissant la duplicité du droit de propriété, c'est-à-dire le droit naturel du propriétaire qui, d'après le droit romain, avait acquis la propriété par tradition et titre, sans inscription au livre foncier et le droit de propriété de celui qui avait prénoté son droit dans les registres publics. Il pouvait ainsi exister pour le même immeuble un propriétaire naturel, qui avait la faculté d'utiliser, de vendre et d'extrader un immeuble, mais non de le grever ou d'en disposer devant le juge foncier, et un propriétaire, qui d'après le livre foncier, était seul regardé comme tel et qui pouvait valablement en disposer, en tant que la possession de l'immeuble n'était pas en question.

Cette duplicité ne fut pas maintenue lors de la revision de la loi prussienne ; le législateur retourna au sage principe primitif, que l'inscription était le seul mode de transmission de la propriété, et que cette transmission devait être soumise à la formalité de la déclaration expresse du consentement et cela sous la forme de la « dessaisine ». La convention elle-même n'exerce aucune influence sur la formalité; il n'y a aucune différence entre la vente, l'échange, la donation; toute l'importance de l'acte repose sur les déclarations formelles, précises et concomitantes du propriétaire actuel et de l'acquéreur.

De la dessaisine.

Le nouveau système prussien, qui se reflète dans le projet de loi, est dès lors basé sur le principe suivant : la propriété foncière ne s'acquiert en cas de vente volontaire que par l'inscription au livre foncier ; cette inscription n'a lieu que sur la déclaration du propriétaire inscrit, qu'il consent à la transmission au profit de l'acquéreur et de ce dernier, qu'il en requiert la mention au registre.

Cette déclaration de dessaisine a sans doute le caractère d'un acte de la plus haute gravité et le système paraît cacher un certain danger ; elle semble en outre par sa forme être empreinte de charges et d'inconvénients. Mais l'examen auquel se livre le juge donne les meilleures garanties aux parties intéressées, l'inscription n'est en outre pas définitive, les parties peuvent l'attaquer et sauvegarder leurs intérêts par la prénotation. Aussi ne saurait-on admettre que les intérêts du vendeur soient plus exposés que sous la législation actuelle. Les intérêts de l'acquéreur sont également garantis par l'impossibilité où se trouve le précédent propriétaire, de disposer au profit d'un tiers entre la déclaration de dessaisine et l'inscription au nom de l'acquéreur; ce résultat s'obtient par la concomitance des deux déclarations. En présence de pareils résultats, il n'y a que l'ennui de la comparution en personne dont il puisse être question, mais cet inconvénient est sans portée, les parties pouvant se faire représenter par des mandataires spéciaux.

De l'organisation et du fonctionnement des livres fonciers.

D'après ce qui précède, les livres fonciers ne fonctionnent avec avantage, qu'autant qu'ils indiquent d'une manière claire et constante les droits de propriété et les autres droits réels, et qu'ils fonctionnent avec régularité. Pour arriver à ce but, l'on peut suivre deux chemins : le premier consiste dans l'admission du système pur, qui inscrit aux livres fonciers tous les immeubles avec l'ensemble de leurs charges ; l'autre admet des registres spéciaux tant pour la propriété que pour les charges. Ce dernier n'est suivi que dans quelques petits Etats de l'Allemagne. On ne le critique nulle part plus que là où il existe ; aussi a-t-on réuni dans la plupart des Etats de l'Allemagne les registres fonciers aux registres hypothécaires. Il devient facile par leur réunion de donner un aperçu exact et complet de tout ce qui intéresse les transactions et le crédit immobilier. On y trouve les renseignements objectifs sur la nature de chaque immeuble ainsi que les droits et les charges qui y sont attachés, *subjectivement* le nom du propriétaire et les charges personnelles. On les appelle aussi registres hypothécaires réels, en opposition des registres hypothécaires personnels, où les inscriptions ne sont prises, comme en France, que sous le nom de personnes déterminées.

Les livres fonciers peuvent s'appuyer sur les matrices cadastrales et les plans cadastraux revisés, en tant que la description des immeubles concorde avec le cadastre. La carte cadastrale dans les communes soumises à un réarpentage général, permet également de reconnaître exactement les limites de tous les immeubles inscrits, ce qui donne toutes les garanties désirables tant aux propriétaires qu'aux créanciers.

Les *registres à gage* (Pfandbücher) qui existaient dans le temps en Prusse et qu'on a maintenus en Wurtemberg, dans la Vieille-Bavière et quelques petits Etats de l'Allemagne, ne doivent pas être confondus avec les livres fonciers. On n'y rencontre en première ligne qu'un aperçu général des hypothèques ; les droits de propriété n'y sont mentionnés qu'à raison des rapports qu'ils peuvent avoir avec les charges hypothécaires. Les livres fonciers visent au contraire en première ligne l'inscription de la propriété, sans se préoccuper des charges. Dans la pratique, il n'existe pas une différence bien notable entre les deux systèmes. Le Congrès des juristes allemands s'est cependant, malgré les arguments des défenseurs des registres à gages, déclaré à une forte majorité « pour l'adoption du système des livres fonciers purs et pour la nécessité de constater dans un livre public, non seulement tous les droits attachés à un immeuble, mais aussi toutes ses charges. »

Les livres fonciers offrent de sérieuses garanties au crédit immobilier, en ce qu'ils mettent à la disposition du créancier tous les renseignements qu'il peut désirer sur l'objet offert en gage et principalement sur :

a) l'existence, la nature, l'état naturel et légal de l'immeuble ;

b) les rapports entre le débiteur et l'immeuble, d'où résulte la preuve qu'il peut le donner en gage ;

c) les hypothèques et autres droits réels, avec la garantie que le propriétaire inscrit est à considérer comme véritable propriétaire, et que toutes les conventions passées avec lui, sous la foi des indications du livre foncier, sont à l'abri de toute attaque.

Le système des livres fonciers consacre le principe : que le propriétaire inscrit est toujours à considérer comme propriétaire. Il en résulte les conséquences suivantes :

1° Celui qui acquiert une propriété foncière ou des droits réels d'une personne inscrite comme propriétaire, est garanti contre toute action émanant d'un tiers non inscrit ;

2° l'inscription donne un droit réel et absolu, qui ne dépend nullement de l'obtention de la possession ;

3° la duplicité du droit de propriété a disparu, puisque la loi ne reconnaît comme propriétaire que celui qui est inscrit au livre foncier.

La dessaisine garantit en outre tous les droits, ceux de l'ancien propriétaire, puisque l'inscription ne se fait que sur sa demande, et qu'il est ainsi à même d'en juger toute la portée, ceux de l'acquéreur, qui a tout intérêt à se fair inscrire le plus tôt possible, pour consacrer son droit de propriétaire. Le système est tellement simple, que le fonctionnaire est dispensé de la vérification du titre qui donne droit à l'hypothèque. Si le propriétaire inscrit transmet la propriété à un tiers et si ce dernier l'accepte, il ne peut plus y avoir de doutes sur la réalité des constatations du livre foncier, sauf à l'acquéreur ou au créancier à prendre leurs précautions et à s'enquérir, si le vendeur ou le débiteur ont la faculté de disposer de la propriété en tout ou en partie, d'après les données du livre ou les prescriptions générales de la loi. La vérification du titre du propriétaire inscrit devient inutile, à plus forte raison la vérification du titre du précédent propriétaire.

Un grand nombre d'États de l'Allemagne ont adopté le système du livre foncier. par exemple :

le royaume de Saxe (loi du 2 janvier 1863, ordonnances des 9 janvier 1865 et 3 août 1868) ;
Saxe-Weimar (loi hypothécaire du 6 mai 1836) ;
Saxe-Altenbourg (loi du 13 octobre 1852) ;
Schwarzbourg-Sondershausen (loi du 20 juillet 1857) ;
Reuss, branche cadette (loi du 22 novembre 1858) ;
Reuss, branche aînée (loi du 27 février 1873) ;
Gotha (loi du 9 juin 1859) ;
Cobourg (loi du 24 mai 1860) ;
Hesse (loi du 21 février 1852) ;
Mecklembourg (loi du 21 décembre 1851) ;
Oldenbourg (loi du 3 avril 1876) ;
Brunswick (loi du 8 mars 1878) ;
Hambourg (loi du 4 décembre 1878) ;
Lübeck (ordonnance du 15 juin 1872) ;
Prusse (loi du 5 mai 1872).

Le système des livres fonciers n'est pas complètement inconnu en Alsace-Lorraine, un certain nombre de communes ayant possédé, jusqu'à la confection du cadastre et au delà, des livres terriers, qui contenaient des indications très précises sur la propriété foncière. Il existe encore de ces livres terriers dans 209 communes, dont les trois quarts sont situées dans la Basse-Alsace.

On ne saurait mettre en doute que l'introduction des livres fonciers semble difficile dans un pays dans lequel on est habitué à un tout autre système. Quelques membres de la Commission attachent peu d'importance à cette prétendue difficulté ; une législation défectueuse peut, il est vrai, être conforme aux habitudes d'un pays, mais ne saurait répondre aux exigences d'une sage économie politique qui demande la modification d'une pareille législation. Si ces modifications ne peuvent se faire autrement que par l'adoption d'un système qui a fait ses preuves ailleurs, il n'est pas à craindre qu'il puisse en résulter un danger pour la société, et bien moins encore sur le terrain du droit matériel. La France a fait le premier pas dans ce sens par la loi du 23 mars 1855, et elle sera obligée de faire un pas de plus, si elle veut consolider la propriété foncière et développer le crédit immobilier.

Objections qui se rapportent au futur Code civil allemand et aux atteintes portées à l'uniformité du droit civil français.

Quelques membres ont principalement appelé l'attention de la Commission sur les inconvénients que pouvait entraîner le projet de loi. Ils ont d'abord signalé le Code civil qu'on élaborait pour tout l'empire allemand et qui réglera les droits réels d'une manière uniforme, tandis que les livres fonciers qu'on se proposait d'introduire ici, reposaient en partie sur des bases différentes de celles admises dans d'autres États. De là le danger, d'un côté, de porter une atteinte très grave à l'uniformité de notre droit actuel, et de l'autre côté d'être en désaccord avec le futur droit civil et d'être obligé de modifier les nouvelles institutions, alors qu'elles seraient à peine introduites. Ils objectent enfin que les gouvernements ne songent pas à introduire les livres fonciers dans les autres pays régis encore par le Code civil français.

Le gouvernement a répondu à ces objections, tout en rappelant de nouveau qu'il semblait très opportun de venir au secours du crédit immobilier, que partout ailleurs on avait reconnu que ce crédit ne pouvait être relevé que par l'introduction des livres fonciers, et non par une mesure transitoire qui ne serait pas conforme aux principes sur lesquels reposaient ces livres. On a rappelé à ce sujet que la Chambre provinciale de la Prusse rhénane s'était à plusieurs reprises, et encore récemment, prononcée pour l'introduction des livres fonciers; que, s'il n'avait pas été donné suite à ces propositions et au projet de loi transitoire présenté par le gouvernement, la faute en était aux difficultés pratiques qui en empêchaient l'exécution, et qui résidaient surtout dans la fréquence des conventions verbales sur la propriété foncière et dans l'état défectueux du cadastre; qu'il ne fallait surtout pas perdre de vue que de pareilles comparaisons ne paraissaient exactes, que s'il y avait uniformité dans les institutions, ce qui n'existait d'aucune manière, comme par exemple pour la Bavière rhénane, où l'on avait introduit depuis longtemps l'obligation des actes notariés pour les cas de mutation, ni pour la Prusse rhénane, qui allait également être soumise à ce dernier régime.

Le danger de troubler l'uniformité du droit civil, s'il existait réellement, ne pouvait pas peser dans la balance, du moment qu'il s'agissait d'une mesure vitale pour l'agriculture. Cette uniformité n'existait pas en réalité, puisque le droit civil actuel avait déjà subi une série d'atteintes assez profondes. Les projets de loi empiétaient, il est vrai, mais cela était inévitable, sur d'autres chapitres du droit civil, principalement sur la matière des obligations et des successions, mais cherchaient à éviter tout empiètement pouvant jeter le trouble dans cette partie de la législation. Le gouvernement cherchait vainement dans les discussions de la Commission, la preuve que les nouvelles dispositions portaient atteinte à l'harmonie de notre Code civil; il espérait au contraire que le système des livres fonciers parviendrait à s'acclimater aussi vite dans ce pays de droit français, que dans les autres pays de droit commun, qui avaient des institutions à peu près analogues à celles de l'Alsace-Lorraine.

En ce qui concerne le futur Code civil allemand, dont l'introduction se ferait encore attendre pendant quelque temps, il paraissait certain qu'il ne pourrait se soustraire ni à l'influence de la science, qui avait pris en mains depuis

longtemps la défense des livres fonciers, ni à l'influence du
fait, que ce système dominait dans presque tous les États de
l'Empire. Il était du reste à la connaissance du gouvernement, que les travaux préparatoires étaient basés sur ce
système, et il n'était pas à prévoir qu'on en introduirait un
autre, alors que l'institution telle qu'elle existait, venait seulement d'être terminée à grands frais dans la plupart des
États. Il était impossible, il est vrai, de prévoir dès à présent,
les dispositions de détail et leur portée juridique; il n'était
ainsi pas certain, qu'on laisserait à l'hypothèque son caractère accessoire ou qu'on introduirait l'obligation foncière
(Grundschuld).

La solution de ces questions paraissait être sans importance, puisqu'il ne serait pas difficile de se conformer à une
nouvelle législation, du moment qu'elle serait elle-même
basée sur les mêmes principes, que ceux qui régissaient les
livres fonciers. Les autres pays, comme les Etats de Brunswick, d'Oldenbourg, de Cobourg-Gotha ne s'étaient pas
laissés influencer par ces considérations et avaient accepté
la loi prussienne de 1872, tout en la modifiant dans certaines
parties, surtout en ce qui concernait l'obligation foncière.
Ces scrupules ne pourraient paraître fondés, que si l'on pré-
voyait une organisation uniforme des livres fonciers pour
tout l'Empire d'Allemagne, une pareille uniformité paraissait cependant exclue, si l'on s'en référait aux travaux préparatoires de la Commission du Code civil; il faudrait, en
effet, tenir compte des difficultés et des frais d'exécution
d'un pareil bouleversement et principalement de l'organisation actuelle dans la plupart des États, de sorte qu'on leur
laissera pleine liberté pour la solution des questions de
détail.

Plusieurs membres ont pensé qu'il valait mieux attendre
jusqu'à l'introduction du Code civil, pour éviter la simulta-
néité de deux législations différentes et pour abréger au
moins le temps de leur existence côte à côte. Les commissaires du gouvernement ont répondu, qu'une pareille duplicité paraissait en soi regrettable, mais ne pouvait pas être
évitée, même plus tard, puisque la partie du Code civil qui
règlera les livres fonciers, ne pourra être introduite que peu
à peu, à mesure qu'on aura terminé les livres fonciers

dans chaque commune; que certaines dispositions du Code civil français conserveront à avoir force de loi dans une partie du pays pendant quelque temps, même après la promulgation du Code civil allemand. Si au contraire, les livres terriers étaient terminés, le Code civil allemand pourrait être de suite introduit en entier dans toute l'Alsace-Lorraine.

Des rapports entre les livres fonciers et la revision du Cadastre.

Pour éviter toute espèce de retard, le gouvernement désire vivement qu'il soit procédé immédiatement à la confection des livres fonciers pendant les travaux de renouvellement du cadastre, et en s'appuyant régulièrement sur les données de ces travaux. Quelques membres de la Commission estiment au contraire, que dans l'intérêt de la rapidité du travail, il valait mieux attendre la fin des opérations de renouvellement, qui n'étaient guère avancées, et commencer ensuite partout en même temps l'organisation des livres fonciers. A cette proposition les commissaires du gouvernement objectent, qu'un pareil procédé ne pourrait qu'entraîner des frais très considérables, à raison de la difficulté de trouver des forces suffisantes pour commencer, d'un moment à l'autre, une œuvre si colossale ; il occasionnerait, en outre, des lenteurs du moment que les travaux ne commenceraient qu'après le renouvellement du cadastre. Si au contraire, l'on avance pas à pas, les livres fonciers pourront être organisés en grande partie par les juges cantonaux, si du moins on leur adjoint quelques aides, et l'on terminera l'organisation des livres fonciers en même temps que le cadastre. Ce mode de procéder présente cet avantage, qu'il ne pourra pas se glisser dans l'intervalle des erreurs dans les livres cadastraux. Il n'est même pas nécessaire d'attendre partout la fin des travaux de renouvellement, avant de songer à la confection des livres fonciers, surtout dans les villes, où les matrices sont en général assez en règle pour qu'on puisse les utiliser.

De la proposition de restreindre les livres fonciers
à la consolidation de la propriété foncière.

Plusieurs membres de la Commission reconnaissent les avantages de l'introduction des livres fonciers, dès que les travaux de renouvellement du cadastre sont terminés dans une commune, mais n'entendent pas étendre la portée des livres fonciers au-delà de la consolidation de la propriété immobilière; ce mode de procéder serait très simple, puisqu'il n'existerait aucune différence notable entre l'ancienne et la nouvelle législation. Il s'agirait principalement de fixer des droits déjà existants et de faire disparaître les effets désastreux des actions résolutoires. Le système hypothécaire actuel est satisfaisant et sauvegarde tous les intérêts; il n'y a que les hypothèques légales, qui auraient besoin d'une certaine atténuation dans leurs effets. Le nouveau système au contraire contient, en tant qu'il prévoit la suppression des hypothèques judiciaires et un changement dans la nature des hypothèques légales, des modifications tellement importantes, qu'il ne semble pas possible de laisser subsister deux législations côte à côte, alors qu'elles reposent sur des principes tout à fait différents.

D'autres membres de la Commission, ainsi que les commissaires du gouvernement considèrent, cette proposition comme contenant une demi-mesure qu'il ne serait pas facile d'exécuter et qui n'a pas été suivie dans d'autres États; on soumettrait la population à une double agitation et on ne lui éviterait pas l'inconvénient d'une double législation, tout en ajournant indéfiniment la réforme du système hypothécaire. Les commissaires du gouvernement ajoutent qu'il n'est pas possible de déterminer exactement l'objet soumis à l'hypothèque, s'il n'y a pas une concordance entre le registre où sont inscrites les hypothèques et le livre foncier, et qu'ainsi disparaîtrait la garantie la plus sérieuse que fournit le livre foncier au crédit immobilier. On enlèverait aussi, si l'on faisait même abstraction des autres inconvénients, aux inscriptions hypothécaires leur certitude et on retomberait dans les mêmes inconvénients que ceux que l'on signalait sous le régime actuel. Le gouvernement préférait offrir au pays une législation complète, plutôt que de donner son adhésion à une demi-mesure, qui ne porterait à son avis que l'apparence d'une réforme.

Dans le cours de l'examen des différents paragraphes du projet de loi, la Commission a proposé une série de modifications dont un grand nombre n'ont eu pour but que des changements de rédaction. Comme elle propose, en outre, à la fin du rapport, de ne pas examiner le projet de loi cette année-ci dans tous ses détails, il suffira d'appeler l'attention de la Délégation sur les points les plus saillants de la discussion.

II.

A. Projet de loi concernant la transmission et les charges de la propriété foncière et des mines, ainsi que l'introduction des livres fonciers.

PREMIÈRE SECTION.

DES LIVRES FONCIERS, DES BUREAUX FONCIERS
ET DE LA PROCÉDURE EN MATIÈRE DE LIVRES FONCIERS.

I. Des livres fonciers (§§ 1—5).

§ **1.** Le système des livres fonciers repose sur l'idée d'individualiser les immeubles, de soumettre à l'inscription chaque bien-fonds ainsi que toutes les charges dont il peut être grevé. Pour atteindre ce but, les livres fonciers s'appuient sur le cadastre, qui indique les parcelles d'après leur surface, leur nature et leur revenu net. Les parcelles sont inscrites avec ces données aux livres terriers, qui donnent ainsi une description générale de chaque immeuble et permettent aux parties intéressées d'y puiser tous les renseignements dont elles peuvent avoir besoin.

Les livres fonciers contiennent, d'après le projet de loi, soit des feuilles *réelles*, soit des feuilles *personnelles*.

Le premier système consiste à donner à chaque immeuble une feuille, la feuille se partage en un titre et trois sections. Le titre indique la nature de l'immeuble, la première section indique le propriétaire et la nature de ses droits de propriété, la seconde les charges permanentes qui grèvent l'immeuble ainsi que les restrictions au droit de propriété, etc., la troisième indique les hypothèques.

Le système des feuilles personnelles s'applique avec avantage, là où la propriété est très morcelée. Chaque propriétaire y reçoit une feuille, sur laquelle sont portés tous ses immeubles situés dans une banlieue, ou dans le ressort d'un bureau foncier.

Les sections se subdivisent en colonnes destinées aux mutations, changements et radiations.

Votre Commission n'a pas reconnu l'utilité de l'introduction simultanée de feuilles réelles et personnelles, même pour la Lorraine, où il existe encore de grandes fermes, le propriétaire possédant souvent en dehors de sa ferme d'autres immeubles, pour lesquels se recommandent les feuilles personnelles. L'inconvénient qui résulterait de la confection d'une nouvelle feuille, dans le cas où une partie des immeubles serait seulement soumise à une charge, serait si considérable, qu'il valait mieux ne pas songer à l'introduction des feuilles réelles.

Votre Commission estime, en outre, qu'il y a lieu de donner un livre foncier à chaque commune, ce qui n'empêche pas la formation de plusieurs sections avec des numéros spéciaux, par exemple une section pour les immeubles surbâtis et une autre pour les immeubles non surbâtis. La réunion de tous les immeubles d'un propriétaire, quand même ils sont situés dans des banlieues différentes, n'a pas reçu l'approbation de votre Commission, surtout en vue des travaux de renouvellement du cadastre, qui ne seront terminés que dans quelques années. Il est en outre à prévoir que des propriétaires possèdent des immeubles dans le ressort de plusieurs bureaux fonciers, ce qui dérangerait de nouveau l'uniformité de cette organisation. Dans les cas où l'on grèverait de charges des immeubles situés dans plusieurs banlieues, il suffirait d'en faire la mention sur chaque livre foncier, pour sauvegarder les intérêts de toutes les parties.

L'un des membres a principalement insisté, dans l'intérêt de la clarté des données du livre foncier et du développement de l'institution hypothécaire, sur la nécessité de faire concorder dans la mesure du possible les livres fonciers avec le cadastre et d'éviter qu'il soit procédé différemment devant deux autorités distinctes. On a proposé à ce sujet, d'accord avec le gouvernement, de ne faire les mentions dans la matrice cadastrale, si la propriété n'est acquise que par la dessaisine, qu'en prenant pour base les inscriptions faites aux livres fonciers.

Les indications des livres fonciers devront au surplus s'appuyer sur celles du cadastre quant à l'identité, la situation, la superficie et la désignation générale de chaque immeuble. La question a été enfin posée par l'un des membres, si la réunion des deux administrations ne pouvait pas aboutir à une diminution notable dans les frais et à une simplification sensible des travaux.

§ **2.** La Commission est d'avis, que le texte du § 2 devrait indiquer, comme le § 44, que les servitudes n'avaient pas besoin pour leur validité d'être inscrites aux registres.

§ **3.** La non-inscription des immeubles désignés par le § 3 doit entraîner une notable économie de frais, de travail, d'écritures et de recherches parfois très minutieuses. Les titres de propriété, surtout ceux de l'Etat, remontent souvent à des époques très reculées et contiennent des lacunes de toute espèce. Ces immeubles se trouvent au surplus en dehors du commerce, ce qui permet de se dispenser de les inscrire aux livres fonciers, sauf à ouvrir une feuille spéciale en cas de vente ou d'affectation de charges.

Plusieurs membres de la Commission ne prévoient pas de difficultés extraordinaires à inscrire aux livres fonciers tous

les immeubles ou au moins tous ceux qui figurent sous un
numéro à la matrice cadastrale. Une exception pourrait être
faite, de l'avis d'autres membres, pour les immeubles dépendant du domaine public On a fortement appuyé sur la
nécessité de l'inscription des propriétés communales. Le
gouvernement y a donné son adhésion, mais a cependant
cru devoir insister pour la dispense d'inscription des propriétés privées de l'Etat et des corporations, surtout des forêts.

§ 4. Les dossiers fonciers sont destinés à conserver les
minutes des actes qui se rapportent aux différentes inscriptions, surtout les requêtes, les consentements d'inscription
ou de radiation, etc.; ils servent encore à reconstituer les
livres fonciers, s'ils viennent à être détruits.

Quelques membres de la Commission regardent l'obligation de remettre aux bureaux fonciers des copies d'actes,
comme une charge dispendieuse pour les parties, surtout
s'il s'agit de partages de successions. Pour obvier à cet
inconvénient, ils proposent d'introduire l'obligation de
passer contrat devant notaire de toutes les mutations de
propriété, ce qui évite la remise de copies d'actes, la minute
restant déposée chez le notaire. Les commissaires du gouvernement pensent que la Commission exagère la portée du
projet de loi, qu'il n'est nulle part question de remettre aux
bureaux fonciers des copies à grands frais, le § 25, al. 2,
ne contenant lui-même qu'une simple instruction.

§ 5. D'après le système français, chacun peut prendre
connaissance des registres hypothécaires, en se faisant délivrer des copies ou des extraits. Le système des livres terriers ne va pas aussi loin; les livres terriers ne sont à la
disposition que des parties intéressées, ils sont à l'abri de la
simple curiosité ou d'intentions malveillantes. Il appartient
au juge foncier de décider le cas échéant, si celui qui demande à prendre connaissance du livre terrier y a un intérêt.

D'après votre Commission, on devrait permettre aux personnes inscrites et au notaire de prendre communication du
livre foncier sans frais. Les tiers auraient à payer une rétribution, s'ils n'étaient pas en mesure de produire un consentement écrit de la part du propriétaire. Le mot « légal »
pourrait être rayé.

Des Bureaux fonciers (§§ 6-12).

§§ **6, 7, 8**. L'organisation des bureaux fonciers a donné lieu à une longue discussion au sein de la Commission qui dut s'arrêter à plusieurs propositions. Il est hors de doute d'abord, qu'il y a lieu de simplifier la procédure en matière hypothécaire, en ne remettant qu'à un fonctionnaire et à un greffier la tenue des registres.

Dans l'examen de la question, à qui l'on pourrait confier la tenue des livres fonciers, on a visé les conservateurs des hypothèques actuels, les notaires, les autorités municipales, les juges cantonaux et les receveurs d'enregistrement. Pour répondre au but que l'on se propose, il est nécessaire :

1º Que le fonctionnaire ait des notions de droit suffisantes, pour vider les difficultés souvent sérieuses qui peuvent se présenter ;

2º Que le ressort du fonctionnaire ne soit pas trop étendu, pour lui permettre, grâce à ses connaissances personnelles, de juger de la validité des déclarations des parties ;

3º Que le fonctionnaire offre des garanties sérieuses pour le cas où par sa maladresse, il lèserait l'une ou l'autre partie.

Si ce sont là les qualités que l'on peut désirer, il paraît indubitable que les conservateurs actuels avec leurs immenses ressorts ne pourraient pas être conservés, à moins de leur assigner des arrondissements bien moins étendus.

Veut-on confier les bureaux fonciers aux notaires, la proposition se justifie par la considération, que les notaires reçoivent déjà les actes et possèdent les connaissances nécessaires ; mais les livres fonciers ne se comportent pas avec l'institution du notariat, qui est une mission de confiance et qui permet à chacun de s'adresser au notaire de son choix. Voudrait-on donner la préférence à l'un des notaires, on troublerait la libre concurrence ; voudrait-on instituer des sections et donner à chaque notaire une section, il surgirait de nouvelles difficultés, puisque l'un des notaires pourrait être obligé de faire inscrire ses actes chez un confrère.

L'autorité municipale ne se prête pas non plus à la tenue des registres ; elle n'a pas en général les connaissances voulues et il est à craindre qu'en cas de lésion, la commune soit obligée d'intervenir avec sa fortune. Il faudrait au moins instituer dans chaque commune une autorité spéciale et soumettre quelquefois les registres à une revision supérieure. Il paraît dès lors hors de doute que les juges cantonaux sont seuls aptes à remplir ces fonctions.

D'après le projet de loi, les juges cantonaux sont chargés en principe de la tenue des registres ; il est loisible cependant, de les confier, le cas échéant, à des bureaux spéciaux. Il n'est pas à prévoir qu'il soit nécessaire d'augmenter le personnel, puisque dans les premiers temps, on n'avancera que lentement et on chargera du travail, au moins en partie, une Commission spéciale. Cette augmentation est cependant inévitable plus tard, mais n'entraînera pas un surcroît de dépenses, les conservateurs et leur nombreux personnel devant être supprimés. Pour faciliter les relations avec les Bureaux fonciers, il semble même opportun d'augmenter le nombre des tribunaux cantonaux et de les rétablir dans une partie des endroits où ils ont disparu par suite de la réunion de plusieurs ressorts.

L'un des membres de la Commission a soulevé la question, s'il ne convenait pas de charger de ce service les receveurs d'enregistrement ; la Commission n'a pas adhéré à cette proposition, ces fonctionnaires n'ayant pas le temps de s'occuper de la tenue de ces registres, de sorte qu'il faudrait en augmenter le nombre, ce qui ne produirait pas une économie de frais ; les receveurs d'enregistrement sont, en outre, des agents fiscaux, peu aptes à juger les difficultés très sérieuses que peut soulever la tenue des livres fonciers ; il faudrait ainsi remettre cependant aux juges cantonaux le soin de décider les difficultés matérielles ou formelles qui pourraient se produire.

§ **12.** La loi prussienne du 5 mai 1872 déclare responsable le juge foncier pour le dommage qu'il peut occasionner par sa négligence ; l'État n'intervient qu'en cas d'insolvabilité du fonctionnaire.

Le § 12 du projet de loi offre une meilleure garantie que

la loi prussienne, en ce qu'il déclare l'État débiteur solidaire
envers la partie lésée; votre Commission approuve cette
disposition d'autant plus que les parties étaient jusqu'à présent garanties par le cautionnement du conservateur des
hypothèques. La responsabilité du juge foncier paraît cependant un peu trop étendue et votre Commission propose de la
restreindre aux cas de faute grave, et de la conserver vis-à-
vis de l'État d'une manière générale.

III. Procédure en matière de livres fonciers (§ § 13-20).

§ **13**. Quelques membres de la Commission considèrent la nécessité de la demande comme une charge très
sensible pour le public, surtout dans les cas où les parties
ont déjà comparu devant notaire pour faire constater leurs
conventions, et où on devrait les dispenser de produire leur
demande devant le juge foncier. D'après les commissaires
du gouvernement, la demande se lie intimement à l'organisation des livres fonciers; une inscription d'office, sur la
production d'un contrat par exemple à l'enregistrement,
cacherait un danger pour la sûreté des transactions. Dans
l'obligation de faire les déclarations au bureau foncier, se
trouve une sérieuse garantie pour l'exactitude des inscriptions. Il ne serait pas possible d'en faire abstraction, même
dans le cas où tous les actes de mutation seraient passés
devant notaire, quoiqu'on puisse peut-être se contenter, dans
cette hypothèse, d'une simple déclaration par écrit. Pour
quelques membres, il paraît absolument nécessaire de faire
comparaître au bureau foncier les personnes qui ne sont
pas au courant de la législation, pour donner leurs explications sur les modalités de leurs conventions, surtout si elles
ne sont pas consignées par écrit.

Au sein de la Commission a également surgi l'idée, de
charger les receveurs d'enregistrement de transmettre les
actes enregistrés au bureau foncier, qui aurait à les inscrire
d'office; mais ce serait là la conservation du système actuel,
avec toutes ses défectuosités, c'est-à-dire la transmission de
la propriété par la seule convention et la transcription. De

très sérieuses difficultés se produiraient, dès que plusieurs
demandes arriveraient en même temps au bureau foncier.

§ **17**. Le moment de la présentation a une haute importance, puisque les inscriptions ont lieu dans l'ordre où se
font les productions. Il est dès lors indispensable de procéder
avec toute l'exactitude désirable, ce qui a lieu par la mention
du jour et de l'heure de la présentation, que fait le fonctionnaire sur les actes. Le rang se détermine ensuite d'après
l'ordre de la présentation. Les demandes qui arrivent par la
même poste sont considérées comme étant présentées en
même temps, ce qui n'empêche que les parties puissent
s'entendre sur une autre fixation du rang entre elles.

La Commission estime, qu'il est désirable de prendre des
dispositions, pour qu'une partie ne soit pas lésée et perde
son rang, par suite d'une erreur commise par le juge
foncier, qui serait rectifiée par la voie du recours. Les commissaires du gouvernement prévoient qu'il soit possible de
remédier à cet inconvénient, en adoptant le système des
mentions faites d'office au registre foncier.

§ **19**. Le juge foncier doit vérifier d'après le § 19, la régularité de la dessaisine et des déclarations des parties, mais
non en règle générale la validité des conventions, d'où
découle la dessaisine. Il doit principalement examiner, si le
droit dont on requiert l'inscription, est susceptible d'être
inscrit, si le consentement et la déclaration des parties est
l'expression libre de leur volonté ; à cette vérification se joint
l'examen, si la partie qui consent la dessaisine a la qualité
acquise pour en faire la déclaration, si elle est capable de
contracter dans la mesure de ses déclarations. Avant d'inscrire la mutation, le juge a à vérifier, si la dessaisine répond
aux conditions prescrites par la loi, et dans les cas où il n'y a
pas de dessaisine, si la transmission de propriété résulte
réellement des actes qu'on lui soumet.

Le juge foncier doit se rendre compte de la convention,
qui produit la dessaisine, il n'a pas à se préoccuper des vices
inhérents à la convention même ; il doit n'avoir en vue que
les suites réelles de la convention et non le côté obligatoire
qui, comme en cas de fraude, de dol, de violence, se trouve
placé en dehors du contrat et échappe à la cognition du juge

foncier. Il n'appartient qu'au juge ordinaire de trancher ces
difficultés.

Quelques membres de la Commission désirent une rédaction plus claire du § 19, pour bien marquer la différence entre les vices du contrat et l'irrégularité des déclarations au bureau foncier. Il est du reste hors de doute, que le juge foncier ait à appeler l'attention des parties sur les vices apparents de la convention et à refuser son ministère si elle contient des stipulations contraires à la loi ou aux bonnes mœurs.

DEUXIÈME SECTION.

DE LA PROPRIÉTÉ DES BIENS - FONDS.

I. De la dessaisine (§§ 20-25).

On entend par dessaisine la convention réelle en cas de vente volontaire d'un immeuble, par laquelle ce dernier est acquis en vertu de la déclaration simultanée au bureau foncier; le contrat réel devient parfait par l'inscription aux livres fonciers.

Le titre d'acquisition, que ce soit une vente, une donation, etc., de même la tradition, n'exercent aucune influence sur la mutation; ils n'ont plus de valeur qu'au point de vue des relations personnelles entre les parties.

La propriété est transmise, en vertu de la dessaisine, dès que l'inscription est faite aux livres fonciers; le contrat réel lie cependant les parties, dès que la déclaration en est faite au bureau foncier, quand même l'inscription ne peut être effectuée immédiatement, de sorte que l'ancien propriétaire n'est plus en mesure, à partir de ce moment, de disposer de l'immeuble. Consent-il néanmoins une nouvelle inscription, l'acquéreur est sauvegardé par l'ordre suivi pour les présentations; sa mutation arrive à l'inscription avant celle du second acquéreur, et celle de ce dernier devient sans effet, puisque le propriétaire n'est plus inscrit comme tel au moment où la seconde inscription doit se faire.

La dessaisine ne s'applique qu'aux transmissions de pro-priétés volontaires, c'est à-dire aux cas où l'intervention des parties est nécessaire pour opérer la mutation.

Il est incontestable que la nécessité de la déclaration simultanée au bureau foncier renferme une formalité très gênante pour les parties ; aussi les plaintes n'ont-elles pas tardé à se produire en Prusse après la publication de la loi de 1872 ; elles paraissent néanmoins avoir disparu, lorsqu'on a reconnu les avantages et la sécurité, qu'imprime aux actes translatifs de propriété la déclaration devant le juge. Les vendeurs ne sauraient vendre leur propriété deux fois ; une simple déclaration écrite ne saurait à cet égard donner autant de sécurité, puisqu'elle n'exclurait pas une seconde déclaration écrite, et qu'il en résulterait un conflit, si les deux déclarations étaient produites en même temps devant le bureau foncier. Le vendeur pourrait de même être frustré de son hypothèque (§ 60), si l'acquéreur pouvait produire une déclaration écrite et avait la latitude de grever de suite l'immeuble d'une hypothèque au profit d'un tiers, sans avoir fait inscrire celle du vendeur.

Dans le but de parer à ces inconvénients, quelques membres de la Commission ont proposé d'introduire dans notre législation, l'obligation de passer devant notaire tous les contrats translatifs de propriété, c'est-à-dire les ventes et les partages, les donations étant déjà soumises à cette formalité ; la dessaisine serait dans tous les cas la conséquence d'actes passés devant notaire. Les auteurs de cette proposition trouvent dans cette prescription une sérieuse garantie pour la propriété immobilière, les livres fonciers pouvant ainsi concorder en tout temps avec le cadastre et la procédure devant le bureau foncier se simplifiant d'une manière très notable.

Il résulte d'un examen plus approfondi de la question, que ce système offrirait les avantages suivants :

1° Par la nécessité de passer contrat devant notaire, on obtient une garantie non pas absolue, mais au moins relative, ainsi que l'assurance que les livres fonciers correspondent à l'avenir à la véritable situation en fait et en droit. Si les conventions verbales n'ont plus de valeur juridique, les transactions immobilières se concentrent en l'étude du notaire et exercent leur influence sur les livres fonciers, les notaires pouvant et devant être chargés de faire, sans retard, les déclarations des parties aux bureaux fonciers.

2° Cette mission du notaire, de faire les déclarations, a pour conséquence de les simplifier et de soulager notablement les parties.

Le motif principal invoqué contre les déclarations écrites consiste en effet dans la préoccupation que les parties ne remplissent pas les formalités prescrites, après avoir formulé leurs conventions par écrit et qu'il en résulte des inconvénients et la possibilité d'une concurrence entre deux déclarations contradictoires. Ces craintes disparaissent en grande partie, si le notaire est chargé, en vertu de son ministère, de soigner les inscriptions au nom des parties. Le projet de loi a déjà en partie mitigé la forme de la dessaisine, en permettant aux deux parties de charger en même temps le notaire de faire la déclaration verbale en leur nom. Il n'en reste pas moins en dehors des frais, l'ennui pour le notaire d'avoir à se déplacer continuellement. Aussi les commissaires du gouvernement paraissent-ils disposés à accepter l'éventualité d'autoriser le notaire, dans le cas où les deux parties le chargeraient de soigner leurs déclarations, à envoyer les actes aux bureaux fonciers. Cette forme de transmission pourrait être généralisée, en cas d'intervention forcée des notaires, pour tous les actes de mutation.

3° Il n'en résulterait pas la dispense pour le juge foncier, de vérifier les déclarations des parties; son examen ne consisterait plus néanmoins qu'à vérifier, si les déclarations concordent avec les données des livres fonciers. L'exactitude des actes notariés simplifierait notablement ce travail et ferait disparaître en grande partie les objections, qui ont été soulevées à ce sujet contre la nouvelle organisation.

4° Il suffirait de soumettre d'abord les minutes des actes notariés au juge foncier, qui aurait à les transmettre ensuite au receveur d'enregistrement; la nécessité de conserver des actes en brevet ou en copie disparaîtrait complètement.

5° Les partages pourraient être soumis au même régime que les ventes volontaires, ce qui permettrait de supprimer les dispositions spéciales du § 37.

6° Il paraît oiseux d'ajouter, que les intérêts des parties seraient sous tous les rapports mieux garantis et que les occasions d'exploitation de la part de certains agents d'affaires et usuriers disparaîtraient d'une manière notable.

7° Les livres fonciers et la propriété foncière trouveraient une base très sûre dans les constatations des conventions devant notaire.

Le bureau foncier n'est, en effet, pas appelé (§ 17) à vérifier la validité de la convention, qui donne lieu à la dessaisine. Les vices de cette convention, par exemple l'erreur, la lésion, ne l'autorisent pas à refuser l'inscription. De pareilles inscriptions peuvent cependant être attaquées par l'action en nullité, sauf les droits acquis régulièrement dans l'intervalle par des tiers, qui se sont fiés à la régularité des livres fonciers. Ce principe est la conséquence naturelle de tout le système des livres fonciers. Le danger signalé disparaît presque complètement, si l'intervention du notaire devient nécessaire, ce fonctionnaire étant, par ses fonctions, par ses connaissances personnelles, à même de découvrir dès l'abord les vices et motifs de nullité, et d'empêcher par ses conseils la partie menacée de conclure un contrat désavantageux.

II. Des autres modes d'acquérir la propriété
(§§ 26-35).

La propriété ne se transmet par la dessaisine qu'en cas de transmission volontaire ; la législation actuelle continue à régir tous les autres cas, comme la transmission par succession ou legs, l'expropriation forcée ou pour cause d'utilité publique, la construction sur terrain d'autrui, l'alluvion, le partage. L'économie des livres fonciers qui consiste à éclairer les transactions immobilières, exige cependant que les droits acquis sans l'intervention des livres fonciers, y soient également inscrits. S'il n'est pas possible d'exercer une pression directe sur les parties intéressées, comme sur les héritiers, par exemple, il semble avantageux de les obliger indirectement à l'inscription, en prévoyant l'impossibilité d'inscrire une dessaisine ou une charge quelconque sur un immeuble, tant qu'il n'est pas inscrit au nom du propriétaire.

L'alinéa 2 permet aux cohéritiers et autres successeurs généraux ainsi qu'à l'époux survivant, de consentir une dessaisine de l'immeuble commun, mais pas une constitution hypothécaire. Cette disposition répond en tant à une utilité pratique, qu'on dispense les héritiers d'une inscription souvent lente et dispendieuse et à un principe général, que les héritiers représentent leur auteur, de sorte qu'ils ne consentent la dessaisine qu'en leur qualité de représentants. Les mêmes considérations ne sauraient valoir pour un héritier unique, ou bien si les héritiers entendent grever l'immeuble d'une hypothèque ; rien n'empêche cependant que l'inscription en leur nom se fasse en même temps que celle de l'hypothèque (§ 54, n° 1).

L'alluvion n'est qu'un accroissement naturel de la propriété; elle suit son sort, quand elle n'est pas mentionnée aux livres fonciers; cette mention se fera cependant en règle générale à la suite de l'inscription au cadastre.

§ **27.** Les héritiers n'ayant pas la faculté de grever un immeuble de charges réelles, tant qu'ils ne sont pas inscrits et ayant, en outre, un certain intérêt à être inscrits comme propriétaires, il était nécessaire de prendre des dispositions pour leur permettre de justifier de leur qualité d'héritiers et de leur faciliter les moyens de preuve. Tel est le but des §§ 27 et suiv., ainsi que du projet de loi concernant les certificats de qualité d'héritiers et la compétence des juges de paix en matière de successions. L'inscription se fait en vertu du certificat délivré par le juge cantonal de l'ouverture de la succession; elle peut être faite avant le partage au nom de tous les héritiers sans indication de parts.

Au sein de la Commission, on a posé la question si les déclarations faites par les héritiers au moment de l'inventaire ou du partage et les constatations régulières qui en résultaient, ne devaient pas pouvoir remplacer les déclarations à faire devant le juge cantonal. A cette proposition on a objecté, qu'il fallait songer à obtenir des certificats valables pour tout l'Empire, qu'on n'attribuait pas la même force probante aux certificats émanant d'un notaire dans les pays

soumis aux livres fonciers qu'en Alsace-Lorraine; l'introduction de certificats émanant des juges cantonaux paraissait dès lors nécessaire, abstraction faite des autres considérations pratiques à développer lors de l'examen de la loi
concernant les certificats judiciaires.

§ **31.** L'envoyé en possession définitif des biens d'un
absent se trouve dans une situation toute spéciale, en ce qu'il
n'est à considérer ni comme un mandataire, un représen-
tant de l'absent, ni comme le propriétaire, bien qu'il puisse
disposer de la fortune de l'absent, auquel il n'a à restituer, en
cas de retour, que les immeubles qui se trouvent encore en
sa possession. D'après le projet de loi, l'envoyé en possession
ne saurait être inscrit comme propriétaire; il fallait dès lors
trouver une forme qui ne restreindrait pas trop ses droits
tout en sauvegardant les intérêts de l'absent; c'est sous la
forme d'une mention aux livres fonciers, que le §31 atteint
ce double but; la mention disparaît en cas de retour de
l'absent.

Il n'est pas à nier, comme le font remarquer plusieurs
membres de la Commission, qu'il ne répond pas à la réalité
des faits, de conserver des immeubles inscrits au nom d'une
personne qui a disparu, jusqu'au moment où ils passent en
vertu d'un contrat sur la tête d'un tiers. La loi n'autorise
pas, il est vrai, une rectification des livres terriers, la succession n'étant pas encore ouverte; mais il semble opportun,
d'après votre Commission, d'inscrire les immeubles au nom
de l'envoyé en possession, ce qui ne souffre pas de sérieuses
difficultés.

§ **35.** L'acquisition illimitée du droit de propriété par la
prescription est incompatible avec le principe de l'inscription
et la foi due aux livres fonciers. La prescription peut cependant, d'après le projet, être opposée au propriétaire non
inscrit, ainsi que pour des immeubles ou des portions d'immeubles non inscrits aux livres fonciers.

Les limites d'un immeuble sont de même soumises à l'usu-
capion, à moins qu'elles ne résultent d'un réarpentage
parcellaire.

La prescription est exclue par toutes les législations qui
ont admis les principes des livres fonciers. Ce n'est que

l'inscription qui indique et consolide les droits du propriétaire ; il ne saurait dès lors exister, à côté du propriétaire
inscrit, un possesseur pouvant également disposer de la
propriété d'un immeuble ou le grever d'hypothèques. Si la
prescription pouvait continuer à subsister, il faudrait au
moins l'exclure pour le tiers acquéreur qui aurait acquis de
bonne foi, ce qui aurait pour conséquence la possibilité de
prouver à l'acquéreur qu'il était de mauvaise foi au moment
de la vente. Un pareil système ébranlerait d'une manière
regrettable la valeur des livres fonciers et la foi qui leur
est due.

Quelques membres ne sont pas convaincus de la nécessité de supprimer la prescription, qui présente également
ses avantages ; elle n'est pas à considérer en général comme
un moyen d'acquérir, mais plutôt comme une ratification
légale du droit de propriété, dans l'hypothèse, par exemple,
d'un titre irrégulier, où la prescription fait disparaître l'irrégularité du titre ou en cas de perte du titre. On devrait dès
lors permettre au possesseur de demander la dessaisine en
son nom contre le propriétaire inscrit, qui aurait depuis
longtemps renoncé à sa propriété ; il serait inutile, dans ce
cas de léser les tiers, qui auraient acquis des droits avant
l'inscription de celui qui opposerait la prescription.

III. Des prénotations.

§ **36**. La foi publique attachée aux livres fonciers garantit,
il est vrai, l'acquéreur d'un immeuble, mais peut léser les
droits non inscrits de tierces personnes ; si le propriétaire de
l'immeuble, par exemple, ne remplit pas l'engagement qu'il
a pris de consentir une inscription et vend l'immeuble ou le
grève de charges, l'autre partie ne peut pas se préserver
contre ces actes de disposition. Le projet de loi garantit le
tiers contre ces éventualités au moyen de la prénotation qu'il
réglemente dans une série de dispositions.

La prénotation a pour but de conserver le droit à la dessaisine ou à l'inscription d'une mutation (§ 36), d'un droit
réel ou d'une hypothèque (§§ 48, 57), d'une action résolu-

toire (§ 38) ou de la faculté de demander la radiation d'une hypothèque (§ 58), enfin de sauvegarder les intérêts des créanciers ou du légataire, qui demandent la séparation des patrimoines (§ 103). Les prénotations s'inscrivent par le juge foncier en vertu d'une décision judiciaire (§ 102), à moins que le propriétaire inscrit n'y donne son consentement; elles ont pour effet de garantir à la partie intéressée ses droits, comme s'ils avaient été inscrits le jour de la pré-notation.

Après la prénotation, le propriétaire ne perd pas ses droits de disposition sur l'immeuble, seulement les droits acquis par des tiers ne sont pas opposables à la partie, qui a fait inscrire à juste titre une prénotation. Les restrictions des droits du propriétaire ne sont dès lors qu'éventuels, et pour le cas où l'autre partie obtient gain de cause; dans le cas contraire, les inscriptions prises dans l'intervalle ressortent leur plein et entier effet.

La prénotation ne peut être rayée que sur une décision de la justice ou avec l'adhésion de la partie qui l'a fait inscrire. Pour éviter que de pareilles prénotations n'encombrent les livres fonciers, le juge devra fixer un délai dans lequel la partie aura à intenter l'action principale (§ 896 C. de proc. civile).

On s'est demandé au sein de la Commission, si l'on ne devait pas pouvoir inscrire la prénotation sans l'intervention de la justice, pour éviter des retards inévitables. De l'avis des commissaires du gouvernement, cette garantie est indispensable à cause de la trop grande portée de la prénotation; le juge est, du reste, obligé de faire droit à la demande sans qu'il soit nécessaire de justifier d'un péril en la demeure; il suffit qu'il existe de simples présomptions de l'existence du droit que l'on invoque.

IV. Du partage.

§ **37.** Le partage n'est, en vertu de l'article 883, que déclaratif de propriété; chaque propriétaire est à considérer comme s'il l'avait toujours été de l'immeuble qui lui échoit en partage. Le § 37 n'a dès lors d'autre but que de donner au propriétaire, par suite de partage, la faculté de disposer au livre foncier de sa propriété ou de la grever de charges (§ 36, al. 2). En présence de la difficulté de faire comparaître toutes les parties intéressées au bureau foncier, il semble opportun de ne prescrire que des déclarations écrites des copropriétaires, en faisant abstraction de la production des actes de partage. Le privilège du copartageant ayant disparu, il a fallu prendre des dispositions pour l'inscription de l'hypothèque qui le remplace. C'est là le but de l'alinéa 2, qui permet l'inscription de l'hypothèque en même temps que celle de la mutation; vis-à-vis des tiers, le copartageant est garanti par les dispositions du § 63, al. 3.

V. De la rescision et de l'annulation d'une mutation (§§ 38-39).

§ **38**. L'inscription du propriétaire ne crée pas le droit, elle ne fait que confirmer les conventions des parties. Toute sa valeur dépend dès lors des conditions de validité de la transmission de la propriété. Si la mutation repose sur un vice, par exemple sur l'erreur, l'inscription elle-même devient nulle, elle est dès lors soumise aux mêmes causes de rescision que la convention elle-même; il en est de même en cas de vices affectant la convention elle-même. Si au moment de la dessaisine on n'attache pas une grande importance à la validité du contrat, mais plutôt à la validité des déclarations faites par les parties au bureau foncier, il n'en est pas moins vrai que la convention entre les parties forme la base de sa mutation; si cette convention est nulle, il est hors de doute que l'inscription elle-même doive être annulée.

L'alinéa 1er parle de la rescision, sans distinguer si l'inscription repose sur une convention nulle ou non existante, ou sur une convention seulement rescindable; dans tous ces cas, il est nécessaire d'intenter l'action en résolution d'après l'alinéa 2. La loi ne fait ainsi aucune distinction entre le cas de non-existence d'une cause de mutation (en cas d'erreur sur l'identité de l'objet ou en cas de simulation), et le cas où le contrat est seulement rescindable (en cas d'erreur, de violence, de dol ou fraude, de lésion). Si ce n'est pas le propriétaire qui a consenti la dessaisine ou si le certificat de qualité d'héritier a été falsifié, la propriété n'a pas passé sur la tête du propriétaire inscrit. Si le contrat est seulement rescindable, par exemple si le vendeur est mineur, le propriétaire inscrit est devenu réellement propriétaire, mais son droit est entaché d'un vice qui l'empêche de conserver la propriété, du moment que le précédent propriétaire en demande la restitution. Dans les deux hypothèses, les droits que des tiers ont acquis de bonne foi et en se fiant à l'exactitude du livre foncier, conservent leur effet.

L'acquéreur n'a besoin d'être de bonne foi que pour la convention conclue avec son vendeur ; il est indifférent qu'il ait connu les vices d'inscriptions antérieures. Il doit être de bonne foi au moment de l'acquisition, et comme la transmission de la propriété n'a lieu que par l'inscription, il doit l'être au moment de l'inscription au registre foncier. La mauvaise foi de l'acquéreur est ainsi réglée par le § 38 dans un sens assez restreint.

Ces dispositions ont été l'objet d'une vive critique au sein de la Commission. Les commissaires du gouvernement ont, d'un côté, fait valoir que la foi due aux livres fonciers empêche le maintien des actions en rescision, dont la justification se trouve en dehors des données des livres fonciers et contre lesquels ne peut se garantir le tiers, qui acquiert des droits en se fiant aux mentions qu'il y trouve ; ce n'est qu'en excluant les actions en rescision contre les tiers, qu'on parvient à consolider la propriété foncière. Le système des livres fonciers consiste à garantir plutôt ceux qui n'ont aucun autre moyen de se garer contre des éventualités, qui peuvent exister en dehors des inscriptions faites aux livres fonciers, que ceux qui, par suite d'erreur ou de violence, ont donné leur consentement à la dessaisine, alors qu'ils sont en mesure d'éviter le dommage qu'elle peut leur causer, en veillant mieux à leurs intérêts. Le mineur, par exemple, n'est pas dénué de toute espèce de recours, les immeubles ne se revendant pas à l'ordinaire de suite, ce qui lui permet de sauvegarder ses intérêts au moyen d'une prénotation ; il peut exercer, en outre, son recours soit contre son acheteur ou bien contre son tuteur, si ce dernier a négligé de faire approuver la vente par le conseil de famille et le tribunal, soit contre l'Etat ou le juge foncier, si celui-ci s'est rendu coupable d'une négligence lors de l'inscription aux registres fonciers.

Quelques membres objectent au contraire, que le principe de la pleine foi due aux livres fonciers, du moment qu'il est poussé à l'extrême, peut conduire à toutes sortes d'injustices, surtout si les intérêts des mineurs sont en jeu; ces intérêts doivent être sauvegardés au moins tout autant que ceux d'un tiers de bonne foi.

§ 39. — Si l'une des parties ne remplit pas ses engagements, le Code civil accorde à l'autre partie le droit de demander la résolution du contrat; en dehors de cette faculté (*lex commissaria tacita*), les parties peuvent stipuler la résolution du contrat en cas d'inexécution des conditions de la part de l'une d'elles (*lex commissaria expressa*). Ces actions résolutoires sont soumises aux mêmes règles par le § 39 que les actions en rescision, avec la restriction cependant que la bonne foi du tiers ne peut entrer ici en ligne de compte, puisque la mutation de la propriété a été régulièrement effectuée; les droits acquis par des tiers dans l'intervalle conservent ainsi leur effet, sauf au demandeur à se garantir par une prénotation.

D'après le projet de loi, les actions résolutoires sont aussi pernicieuses pour le crédit immobilier que les actions en rescision; aussi le droit romain et les autres législations n'ont-ils pas admis des droits aussi étendus; le droit français les exclut lui-même vis-à-vis des tiers en cas de vente mobilière. L'action résolutoire n'est même pas nécessaire au vendeur, qui obtient par l'hypothèque, à la place du privilège, une pleine garantie pour ses droits. Si, en outre, le vendeur insiste à l'avenir pour le paiement immédiat d'une plus forte partie du prix, on parvient à faire disparaître une plaie de l'agriculture, qui consiste à trop acheter à crédit. Le vendeur n'aura qu'à tenir à l'exactitude dans le paiement des termes, ce qui sauvera également de la ruine bien des agriculteurs. Il est en outre, dans l'intérêt général, que les père et mère n'abandonnent pas trop légèrement leur fortune par des donations au profit de leurs enfants; du moment que les immeubles donnés restent grevés de l'action résolutoire, une grande partie de ces immeubles est soustraite à la circulation et au crédit.

Les transmissions de propriété avec charges ne permettent pas d'accorder du crédit sur les immeubles affectés, quand même une partie des charges auraient déjà été acquittées. En dehors de la faculté de se garantir par une prénotation ou une constitution hypothécaire, le Code de procédure civile donne des facilités au donateur pour contraindre le débiteur à exécuter ses obligations. De pareilles actions résolutoires compromettent enfin la sécurité des hypothèques légales, qui ne peuvent produire leur effet, tant qu'il reste dû une partie du prix.

Quelques membres de la Commission sont, au contraire, d'avis que les actions résolutoires n'exercent aucune influence sur le véritable crédit immobilier; il paraît superflu de procurer du crédit sur des immeubles à un acquéreur ou à un donataire qui ne remplit pas ses obligations, puisqu'il n'obtiendrait ce crédit qu'au détriment du précédent propriétaire. Les intérêts de ce dernier doivent être plutôt sauvegardés que ceux d'un tiers, qui n'a qu'à prendre ses précautions et à refuser le crédit, s'il s'aperçoit par les titres du débiteur, qu'il existe un danger de prêter sur ses immeubles. Le maintien des actions résolutoires paraît d'autant plus désirable, qu'elles sont dans les habitudes du pays et qu'elles reposent sur le droit inné du propriétaire de reprendre sa chose si la partie adverse ne s'exécute pas. Ces actions paraissent même indispensables pour les donations avec charges alimentaires, toute autre précaution ne conduisant pas au but, de faire fournir par le donataire les aliments promis. Si la critique devait trouver sa justification dans l'absence d'inscription, il serait facile d'y remédier, en les soumettant à cette formalité vis-à-vis des tiers. La matière sera plus spécialement traitée dans le rapport sur la loi transitoire.

VI. *Des restrictions* (§§ 40-42).

§ **40**. La loi distingue entre les restrictions du droit de propriété et les restrictions imposées au propriétaire dans l'exercice de son droit. Les premières sont indépendantes de la personne du détenteur, les secondes résident dans sa personne; les premières sont des restrictions du droit réel en faveur de tierces personnes, par exemple un réméré, les dernières sont des restrictions attachées à la personne du propriétaire par la loi, comme en cas de minorité, de mariage, de prodigalité, ou par autorité de justice, comme en cas d'arrêt, de défense de vendre, de faillite. Toutes ces restrictions ne produisent d'effet, vis-à-vis des tiers, que si elles sont inscrites.

Les restrictions du droit de propriété supposent, en dehors du propriétaire inscrit, une tierce personne au profit de laquelle elles existent; les restrictions légales à l'exercice du droit de propriété ne reposent, au contraire, que sur la personne du propriétaire lui-même. Est dès lors à considérer comme tiers dans ce dernier cas, celui qui contracte avec le propriétaire inscrit, tandis que, dans le premier cas, on ne regarde comme tiers que l'ayant-droit de celui au profit duquel existe la restriction.

Le § 40 s'occupe d'abord des restrictions légales du droit de propriété, et vise, entre autres, la révocabilité de la donation entre époux, le droit de retour légal, le droit de l'héritier à réserve. Il n'est rien innové dans la plupart de ces cas, en tant que ces restrictions ne produisent déjà pas d'effet vis-à-vis des tiers; le § 40 affirme seulement le principe, que ces restrictions sont soumises à l'inscription pour être valables vis-à-vis du tiers, qui acquièrent la propriété ou un droit réel sur l'immeuble. L'inscription se réalise par la prénotation du droit de demander la ressaisine.

L'innovation ne se rapporte qu'aux héritiers à réserve, les ascendants et les descendants. D'après le droit actuel, l'héritier à réserve peut revendiquer l'immeuble même entre les mains d'un tiers, sauf à poursuivre d'abord le donataire. D'après les principes des livres fonciers, l'héritier se garantit par une prénotation après le décès du donateur, si du moins l'immeuble existe encore en nature ; a-t-il passé en d'autres mains, il ne reste à l'héritier que l'action contre le donataire.

La suppression de la revendication a soulevé des objections au sein de la Commission, auxquelles les commissaires du gouvernement ont répondu que les donations se passant devant notaire, il appartenait au notaire d'appeler l'attention des parties sur les suites que ces donations pourraient entraîner. Les parties étaient du reste déjà libres sous le droit actuel d'arriver au même but, si le donateur vendait ses immeubles et en remettait le prix au donataire ; dans ce cas, les héritiers à réserve n'avaient également aucune espèce de sécurité.

§ **41.** Le § 41 s'occupe des restrictions conventionnelles ; c'est-à-dire des cas où le droit du propriétaire inscrit est obligé, en vertu de la convention, de céder devant celui d'un tiers, comme en cas de réméré, ou de clause révocatoire en cas de prédécès du donataire, ou de substitution. Jusqu'à présent, ces droits étaient soumis à la transcription, à l'avenir ils seront soumis à l'inscription, qui pourra être prise au moment de la dessaissine.

§ **42.** Les restrictions imposées par décision judiciaire empêchent seulement le propriétaire de disposer de sa propriété ; elles ne peuvent être opposées aux tiers de bonne foi qu'autant qu'elles sont inscrites aux livres fonciers.

TROISIÈME SECTION.

Des droits réels sur les biens-fonds d'autrui,
à l'exception de l'hypothèque (§§ 43-51).

La troisième section s'occupe des servitudes personnelles (usufruit, droit d'usage et d'habitation) ainsi que des servitudes réelles, et met sur la même ligne l'emphytéose, le droit de superficie, l'antichrèse ainsi que les baux à loyer ou à fermage, dont la durée excède dix-huit ans ; les hypothèques font l'objet de la quatrième section. Les dispositions de cette section n'ont donné lieu à des observations, qu'en tant qu'elles se rappor tent à l'acquisition et à l'extinction des servitudes par la prescription, pour lesquelles on s'en réfère aux explications données sous le § 35 du projet de loi.

Au sujet des servitudes dont parle le § 44, la Commission est d'accord avec le projet de loi, qu'il y a lieu de les dispenser de l'inscription, à raison de leur caractère souvent vague et indéterminé, de sorte que la nécessité de l'inscription pourrait être l'occasion de nombreux procès. Il est libre aux parties de les inscrire ; dans ce cas, la prescription n'exerce aucune influence sur ces servitudes, tant qu'elles sont inscrites.

QUATRIÈME SECTION.

De l'hypothèque (§§ 52 et 53).

La loi du 11 brumaire an VII a introduit le principe de la publicité et de la spécialité des droits de préférence, et donné à ce principe tous les développements qu'il comportait. Il en résultait que les droits de préférence sur des immeubles ne pouvaient être exercés contre des tiers, c'est-à-dire d'autres créanciers ou des acquéreurs subséquents, qu'autant qu'ils étaient inscrits non seulement dans un registre public, mais aussi d'une manière telle, que tout tiers pouvait être renseigné par la mention même au registre, au profit de qui, contre qui, pour qu'elle créance, en qualité et quantité et sur quels immeubles déterminés était spécialement prise l'inscription. Dans le système du Code civil, cette règle ne s'applique qu'aux droits de préférence conventionnels. Les hypothèques légales et judiciaires sont toutes dispensées de la spécialité, de sorte qu'il est loisible d'inscrire une hypothèque générale, sur tous les biens présents ou futurs du débiteur, sans détermination du montant de la créance. Quelques-unes sont tellement privilégiées, qu'elles sont même dispensées de l'inscription en général. Les privilèges subissent, en outre, une exception à la règle, que s'ils sont inscrits à temps, ils produisent leur effet non pas seulement du jour de l'inscription, mais même rétro-activement.

Quelques membres de la Commission sont d'avis que la pratique et la science ont largement reconnu toute l'incertitude que donne le système hypothécaire français, principalement au crédit immobilier. Les tiers ne peuvent être garantis, qu'autant que les registres hypothécaires reposent sur le principe fondamental de la publicité et de la spécialité.

D'après le projet de loi, l'hypothèque ne prend naissance que par l'inscription, elle ne disparaît que par la radiation. Par suite de l'inscription, le créancier acquiert le droit de poursuivre le propriétaire inscrit en paiement de la somme inscrite. La foi publique due au livre foncier a pour conséquence, que les exceptions ne peuvent être opposées au cessionnaire de la créance, que si elles sont inscrites au moment de la cession ou que le cessionnaire en a connaissance. L'hypothèque est ainsi dépouillée de son caractère accessoire, en tant que le droit qui en résulte peut exister vis-à-vis d'un cessionnaire de l'hypothèque, indépendamment de l'existence de la créance ; qu'il suffit qu'elle soit inscrite pour qu'elle subsiste, quand même la créance est éteinte. On assigne ainsi à l'hypothèque une existence indépendante, c'est-à-dire qu'en consentant une hypothèque. le propriétaire d'un immeuble renonce vis-à-vis de tout cessionnaire de la créance à toute exception, pouvant résulter des relations personnelles ou impliquant la non-existence de l'hypothèque. L'action hypothécaire ne reste soumise qu'aux exceptions qui résultent des livres fonciers même ou qui ont pour objet la non-existence de la dette à l'encontre du demandeur.

L'hypothèque du projet de loi repose, comme il a été expliqué plus haut, sur le principe de la publicité. Les livres fonciers fournissent au créancier les renseignements suivants : Que l'objet soumis à l'hypothèque existe, que le débiteur est en droit de consentir une hypothèque, quelle est la valeur de l'objet et quels droits des tiers peuvent faire valoir. Le créancier doit pouvoir se procurer tous ces renseignements avec facilité et sans trop de frais, ce qui n'est pas possible avec le régime hypothécaire actuel.

Grâce à la publicité attachée aux livres fonciers, elle consacre les principes suivants :

1º Un droit hypothécaire ne peut être constitué sans
inscription. Les contrats de vente, les reconnaissances de
dettes ou les constitutions de gages ne confèrent qu'un titre
à l'inscription. Le droit que créent ces titres n'est pas un
droit réel, mais un droit purement personnel; l'inscription y
attache le caractère réel.

2º La prescription ne peut être commencée ni con-
sommée, au moins à l'égard des tiers, tant que le droit réel
de l'hypothèque est inscrit, la foi due à l'inscription aux
livres terriers étant incompatible avec les principes de la
prescription.

3º L'hypothèque s'éteint seulement par la radiation.
Après le paiement de la dette, le droit hypothécaire ne cesse
de produire son effet que si l'hypothèque elle-même est
rayée. Tant que cette formalité n'a pas été remplie, l'immeuble reste grevé et l'hypothèque peut être cédée, puisqu'elle continue à subsister vis-à-vis des tiers.

L'hypothèque du projet de loi repose en outre sur le principe de la spécialité, qui est incompatible avec l'hypothèque
générale, celle-ci embrassant toute la fortune présente et
future du débiteur, et constituant dès lors une espèce
de privilège; ce principe est dès lors aussi incompatible avec
les hypothèques légales et judiciaires, en tant qu'elles con-
stituent des hypothèques générales.

D'après le projet de loi, l'hypothèque ne s'acquiert que
par l'inscription. Il en résulte que l'époque de sa constitution n'exerce aucune influence sur le droit; celle qui est
la première inscrite prime celles inscrites postérieurement.
L'application de ce principe fait disparaître tous les privilèges ainsi que les hypothèques tacites. Aussi le projet de
loi ne parle-t-il que d'*une* hypothèque, qui est soumise à
l'inscription vis-à-vis des tiers et qui ne se trouve plus régie
quant à sa nature, ses effets, sa cessibilité, etc., que par le
projet de loi. Toutes les hypothèques générales ou tacites,
tous les privilèges, à l'exception d'un privilège pour les frais
en cas de saisie immobilière, sont dès lors à l'avenir soumis
à l'inscription. Le projet de loi trouve son complément dans
les dispositions du projet de loi transitoire.

§ **54**. La constitution hypothécaire constitue un acte de disposition de la propriété ; aussi ne compète-t-elle qu'au propriétaire inscrit ou au propriétaire, qui reçoit la dessaisine au moment où il constitue l'hypothèque. Ces dispositions sévères du § 54 entraînent l'inconvénient très grave que l'acquéreur, qui charge le notaire de faire la déclaration en son nom aux bureaux fonciers, ne peut pas constituer une hypothèque déjà dans l'acte de vente, pour sûreté de la partie du prix dont il reste débiteur, puisqu'il lui est défendu de grever l'immeuble, avant qu'il soit inscrit en son nom. Pour parer à cet inconvénient, la Commission propose d'autoriser l'acquéreur à grever l'immeuble déjà dans l'acte de vente notarié.

La loi garantit la validité des inscriptions, en exigeant non seulement le consentement du propriétaire inscrit, mais aussi l'indication de la cause de la dette avec la production de l'acte de reconnaissance de la dette. Le projet de loi ne dit pas dans quelle forme la reconnaissance doit avoir lieu ; pour éviter les inconvénients des actes sous-seing privé, votre Commission propose de n'admettre que les actes notariés, comme sous le régime de la loi actuelle.

§ **55**. On entend par lettre hypothécaire, un acte sur lequel est basé le droit hypothécaire et qui indique en même temps les charges qui grèvent l'immeuble au moment de sa confection. Elle ne crée pas le droit, mais tant qu'elle n'est pas délivrée, il est impossible de disposer de l'hypothèque ou de forcer le propriétaire inscrit à acquitter la dette. La lettre hypothécaire nous renseigne sur le rang des hypothèques inscrites, sur les cessions d'antériorité de rang, sur les différents changements qui peuvent survenir, sur les arrêts, etc. Son but principal est de faciliter la cession de l'hypothèque ; il est inutile que toutes les cessions y soient mentionnées, la possession seule suffisant pour légitimer le cessionnaire. La signification de la cession devient également inutile, le débiteur ne devant payer que contre remise de la lettre hypothécaire. Il en résulte des inconvénients qui sont traités sous le § 77.

§ **60**. Le privilège du vendeur et du copartageant ne concorde pas avec les principes des livres terriers, qui ne reconnaissent pas de droit de préférence, tant qu'il n'est pas inscrit, et qui ne connaissent que des hypothèques. Aussi le projet de loi change-t-il ce privilège en une hypothèque, ou plutôt, comme l'hypothèque doit toujours émaner du propriétaire, en un droit *d'obtention d'une hypothèque.*

Au sein de la Commission, la modification du droit en lui-même n'a pas soulevé de critiques, mais l'on s'est demandé s'il était bien nécessaire de subordonner l'inscription au consentement du débiteur et s'il ne valait pas mieux autoriser l'inscription à la simple requête du vendeur ou du copartageant, en donnant à ce droit le caractère d'une hypothèque légale ; car en cas de refus, le créancier court le danger de ne pas être sauvegardé par une prénotation, il peut y avoir des pertes de temps et des frais inutiles.

Les commissaires du gouvernement objectèrent, que les inconvénients signalés ne se rencontraient pas dans les pays soumis aux livres fonciers. Le vendeur et le copartageant étaient à même de se garantir, en soumettant leur consentement à l'inscription aux livres fonciers, à la concession d'une hypothèque ; la prénotation ne paraissait pas du reste si compliquée, puisqu'elle ne dépendait pas du bon vouloir du juge. On ne saurait abandonner le principe que l'hypothèque dépendait du consentement, sans enlever toute garantie en cas de cession d'hypothèque, cette dernière n'étant pas soumise aux objections que l'on pourrait faire valoir contre le créancier primitif.

Le propriétaire pourrait aussi être lésé, si l'on admettait l'inscription de l'hypothèque sur la seule production de l'acte de vente, puisque le prix de vente pouvait être soldé. On pourrait tout au plus concéder au créancier la faculté de faire insérer une **mention** aux livres fonciers, sauf à la faire rayer, si le consentement à l'inscription de l'hypothèque ou à la prénotation n'était pas rapporté dans un délai déterminé.

La question ainsi soulevée perdrait beaucoup de son importance, si l'on prescrivait que tous les actes de mutation devront être passés devant notaire, puisque ce fonctionnaire aurait soin de faire stipuler dans les actes même l'autorisation de faire inscrire l'hypothèque.

La rédaction de l'alinéa 2 paraît à la Commission un peu trop vague, en ce qui concerne le droit du copartageant de ne demander une sûreté, qu'en tant qu'elle paraît **nécessaire** ; il vaudrait mieux permettre au propriétaire de demander la restriction de la sûreté sur certains immeubles déterminés.

De l'étendue de l'hypothèque (§§ 61, 62).

Les dispositions de ces paragraphes n'introduisent pas de modifications bien importantes au régime actuel ; toutes les objections qui se sont produites au sein de la Commission doivent recevoir leur solution, comme l'indiquent les motifs du projet de loi, lors de la modification de la loi sur la saisie immobilière. La Commission approuve que les frais de contrat ne soient pas garantis par l'inscription, mais elle estime qu'il y a lieu de disposer que l'inscription de l'hypothèque sauvegarde les intérêts de trois ans, calculés en arrière du jour du contrat de vente. Ce ne sont que les bâtiments que le propriétaire a fait édifier avant ou après l'inscription qui servent de gage; ceux élevés par un fermier n'y sont pas soumis. Les indemnités d'assurance pour les fruits sont attribuées à bon droit au créancier hypothécaire ; il reste cependant à régler la question de savoir, jusqu'à quel point le débiteur a le droit de disposer à l'avance de fruits ou de fermages futurs.

Du rang des hypothèques grevant le même bien-fonds (§§ 63-66).

Le § 64 prévoit le cas où le créancier cède son droit de préférence à un autre ; cette cession d'antériorité n'a pas un caractère réel, elle règle seulement le rang entre deux créanciers inscrits, sans toucher aux inscriptions intermédiaires. Elle ne constitue pas non plus un échange de créances, elle se rapporte principalement au prix obtenu par l'aliénation de l'ensemble et produit seulement son effet dans l'avenir. Cette cession d'antériorité ne touche pas aux droits des tiers, mais elle ne doit pas leur être cachée, surtout à un cessionnaire de l'hypothèque, qui doit en connaître le rang d'une manière précise. Aussi n'a-t-elle de valeur vis-à-vis des tiers que par l'inscription. D'après le projet de loi, on doit en faire mention sur l'acte, votre Commission propose d'en faire la mention sur la lettre hypothécaire.

Des effets de l'hypothèque (§§ 68-76).

§ **68**. La prescription de l'action dérivant d'un droit réel et de l'obligation personnelle ne saurait être maintenue dans l'état actuel; d'après les explications déjà données, la Commission estime qu'il suffirait d'en restreindre les effets en matière hypothécaire dans l'intèrêt des tiers.

La prescription décennale de l'inscription pourrait au contraire disparaître sans inconvénient, les motifs qui la justifiaient sous le régime actuel disparaissant complètement. Elle était en effet fondée sur les complications du système français, qui ne permettaient de se rendre compte de la situation hypothécaire d'un immeuble, qu'en se reportant à une époque assez éloignée. Elle servait en outre à économiser les frais assez considérables de la mainlevée. La prescription est en opposition, du reste, avec le principe des livres fonciers, que l'hypothèque subsiste tant qu'elle est inscrite; les frais de mainlevée étant peu élevés, ils ne sauraient entrer en ligne de compte. Les intérêts et les autres arrérages qui ne s'inscrivent pas annuellement, ne sauraient cependant jouir de la garantie que donnent les livres fonciers; aussi le projet de loi ne modifie-t-il pas à leur égard le droit actuel.

§ **75**. Le créancier hypothécaire a une action personnelle et une action réelle; la première lui permet de faire valoir ses droits sur l'ensemble de la fortune de son débiteur, la seconde lui donne la faculté de poursuivre l'immeuble entre les mains de tout propriétaire inscrit. L'inscription elle-même ne donne pas cependant un titre exécutoire; un pareil titre peut être créé avec la lettre hypothécaire, en vertu du § 706, Code de procédure civile. C'est là le but du § 75, qui déclare exécutoire la lettre hypothécaire contre le propriétaire inscrit; il suffit de l'obligation notariée contre le débiteur personnel.

§ **76**. L'alinéa 1er du § 76 correspond à l'article 1121 du Code civil; les alinéas 2 et 3 paraissent superflus, puisqu'ils règlent les rapports entre le vendeur et le créancier en dehors des livres fonciers et cherchent à éviter que le vendeur reste encore débiteur, bien qu'il ne soit plus inscrit comme propriétaire. Le projet de loi ne règle en général que les droits réels dans l'intérêt du crédit immobilier; or, ce serait compromettre ce crédit en maintenant les dispositions de ces alinéas, le créancier perdant par là la liberté de choisir son débiteur et devant se fier à un tiers-acquéreur qui présenterait peut-être peu de garanties, à moins qu'il ne veuille l'actionner immédiatement, pour obtenir peut-être en temps inopportun le remboursement de sa créance.

De la transmission de l'hypothèque (§§ 77-84).

§ **77**. Le droit français distingue pour la cession d'un droit entre les parties et les tiers. Le contrat vaut cession entre les parties, la signification de la cession est au contraire nécessaire vis-à-vis des tiers. Jusqu'à la notification, le cessionnaire n'est pas garanti contre une cession ultérieure.

Sous le régime des livres fonciers, la cession s'opère, dans l'intérêt de la facilité des transactions, par la remise de la lettre hypothécaire, sans qu'il soit nécessaire d'inscrire la mutation aux livres fonciers, ou de constater la convention par écrit, ou d'en informer le débiteur par une notification. L'inscription d'une cession d'hypothèque a en effet une autre portée, que l'inscription d'une vente ou d'une affectation hypothécaire. Elle n'est pas la forme qui modifie le droit, mais seulement le but de rendre publique la mutation au moyen des livres terriers. Le droit personnel et le droit réel passent en même temps sur la tête de l'acquéreur. Le débiteur se trouve garanti, en ce qu'il n'est tenu à payer que contre présentation et remise de la lettre hypothécaire; le cessionnaire est garanti contre toute cession ultérieure par la remise de la lettre hypothécaire. La question des intérêts se trouve réglée dans le § 81.

Si la Commission est loin de méconnaître tous les avantages de pareilles dispositions, il n'en reste pas moins à sauvegarder les droits du tiers acquéreur ou du débiteur, s'il rembourse une partie de la créance. En cas de maintien de la procédure de purge, il est nécessaire que le tiers acquéreur connaisse le nom des véritables créanciers hypothécaires, sinon il n'est pas en mesure de leur faire les notifications prescrites par la loi. Le débiteur ne paraît pas suffisamment garanti, s'il paie une partie de sa dette, contre une cession faite antérieurement à un tiers. L'inscription de la cession paraît enfin opportune, pour permettre au créancier de faire les notifications légales en cas de saisie immobilière.

§ 81. Les livres fonciers ne fournissant aucun renseignement sur les intérêts payés ou à échoir, le débiteur est autorisé à payer les intérêts au créancier hypothécaire primitif, jusqu'au moment où il a connaissance de la cession de la créance. Il en résulte un préjudice pour le cessionnaire, que la Commission propose d'écarter par la disposition, que toute cession inscrite doit être signifiée d'office au débiteur. Le cessionnaire qui néglige d'en faire l'inscription, aurait dans ce cas à en supporter les conséquences.

De la radiation des hypothèques (§ 85-98).

§ 86. Le § 86 pose la règle, qu'une radiation ne peut être effectuée que sur la demande du propriétaire ; le projet de loi soumet cette formalité au consentement du propriétaire, parce que l'hypothèque reste entre ses mains comme un objet dont il peut disposer le cas échéant (comp. § 90 sur l'hypothèque du propriétaire). L'hypothèque a ainsi une existence propre ; si elle n'est pas rayée, elle continue d'exister et peut être acquise par un tiers, bien que la dette soit éteinte.

§ 87. La lettre hypothécaire doit être produite avec la demande en radiation ; cette prescription a pour but d'éviter

que le créancier puisse céder la créance, quoi qu'elle soit
remboursée. Le consentement à la radiation peut être remplacée en cas de refus du créancier par une décision judiciaire. Dans ce cas, il paraît à la Commission difficile d'obtenir la lettre hypothécaire, qui se trouve entre les mains
du créancier, celui-ci n'ayant aucun intérêt à faire rayer
l'inscription.

§ **90**. Sous le § 90 se trouve réglementée l'institution
désignée sous le nom d'hypothèque du propriétaire (Eigenthümerhypothek), qui est propre au système des livres terriers et qui consiste à laisser subsister le droit réel, même
après l'extinction des rapports personnels avec le débiteur.
Elle peut être constituée : *a*) si l'immeuble grevé est acquis
par le créancier ; *b*) si le propriétaire acquiert les droits du
créancier soit par cession, soit par succession ; *c*) si le
créancier est désinteressé par le propriétaire, soit au moyen
du paiement de la dette, soit de toute autre manière.

D'après les principes généraux en matière d'obligations,
la dette est éteinte dès que le débiteur fournit la prestation
due au créancier, ou si la qualité de débiteur et de créancier
se trouve réunie sur la même tête. Si l'hypothèque est considérée comme un accessoire de la créance, elle doit disparaître
avec elle, dès que le débiteur devient lui-même créancier.

Du principe posé par le § 86, que l'hypothèque n'est
éteinte que par la radiation, il découle cependant la conséquence, que le propriétaire en conserve la disposition aussi
longtemps que subsiste l'inscription, même quand la créance
est remboursée. Le côté obligatoire se trouve modifié dans
ses effets, le côté réel continue à subsister au profit du propriétaire, qui en conserve la disposition, si plus tard il est
obligé de recourir de nouveau au crédit, qu'il lui serait peut-
être difficile d'obtenir s'il ne pouvait offrir le même rang
hypothécaire, que la créance éteinte. La nature accessoire de
l'hypothèque disparaît ici exceptionnellement ; elle disparaît
encore bien plus dans le système prussien de la dette foncière (Grundschuld), qui consiste dans le droit du propriétaire de constituer à son profit une hypothèque et de la
céder à volonté à un tiers ou de la faire valoir lors de la
vente, en qualité de créancier hypothécaire. Pour justi-

fier cette institution, on fait valoir que les créanciers hypothécaires en rang postérieur ne sont pas lésés par l'hypothèque du propriétaire, puisqu'ils n'ont aucun droit d'avancer en rang et que l'argent qui a servi à payer le créancier antérieur, n'a été pris que de l'universalité de la fortune du débiteur, sur laquelle les créanciers chirographaires ont autant de droits que les créanciers hypothécaires.

Votre Commission n'a cependant pas pu se rallier à une institution si étrangère à nos habitudes et à nos usages, bien qu'elle ait quelque analogie avec les effets d'un paiement avec subrogation fait par le tiers acquéreur, qui fait valoir dans un ordre l'hypothèque du créancier, bien qu'elle soit éteinte par la confusion. Par l'introduction d'un système qui peut avoir ses avantages dans d'autres pays, on s'exposerait au danger de voir saisir par les créanciers chirographaires le droit de leur débiteur, et de l'excercer en leur nom, pour se couvrir au détriment des créanciers hypothécaires. Pour parer aux inconvénients qui pourraient en résulter, la Commission propose de n'accepter l'hypothèque du propriétaire dans tous les cas, qu'avec la restriction que ce droit ne puisse s'exercer que par le débiteur par voie de cession et aussi longtemps qu'il n'intervient pas une liquidation de sa fortune (expropriation forcée, faillite) ; on éviterait ainsi le danger d'une disposition tardive au détriment des créanciers hypothécaires.

§ **92.** Le propriétaire ne peut disposer de l'hypothèque, qu'en tant qu'il justifie par une déclaration du créancier qu'il est son successeur ; le propriétaire se fait à l'ordinaire céder la créance. D'après le § 92, il n'est cependant pas indispensable que le propriétaire se déclare déjà au moment du paiement ou de la délivrance de la quittance ; il peut encore se faire délivrer une cession plus tard, et exercer alors les droits qui lui compètent et qu'il n'a pas fait valoir jusque-là. Votre Commission recule encore ici devant le danger de voir un propriétaire, qui, au moment de consentir une seconde hypothèque, promet de rembourser avec les fonds avancés la première hypothèque, ne pas remplir sa promesse et faire revivre plus tard une hypothèque qui serait éteinte.

CINQUIÈME SECTION.

De la propriété des mines.

Le § 99 applique aux mines les principes posés dans le projet de loi pour la propriété immobilière en général. Cette section n'a pas donné lieu à des observations.

SIXIÈME SECTION.

Des décisions judiciaires.

Le projet de loi règle dans la sixième section le mode d'exécution des diverses décisions judiciaires, qui peuvent exercer leur influence sur les livres fonciers. La Commission a eu l'occasion de faire à ce sujet les observations suivantes :

§ **101**. L'un des membres a exprimé le désir, que l'inscription des mesures provisoires, contenant des restrictions aux droits de disposition du propriétaire, soit faite en règle générale à la requête de la partie, et exceptionnellement par ordre de justice.

Les commissaires du gouvernement ont répondu à ce sujet : que l'économie du projet consiste à éviter autant que possible les retards dans l'inscription, qu'il arrivera souvent que le juge cantonal soit en même temps le juge foncier, qui sera chargé de l'inscription de la décision, qu'il semble dès lors superflu de soumettre l'inscription à la demande de l'une des parties.

§ **102**. Sur la demande d'un des membres de la Commission, pourquoi une décision judiciaire était nécessaire pour l'inscription d'une prénotation, les commissaires du gouvernement invoquent le principe fondamental sur lequel reposent les livres terriers, qui ne permet pas qu'une inscription se fasse contre le gré de la partie intéressée et soit inscrite sur la demande unilatérale de l'autre partie ;

que la décision judiciaire remplace dans ce cas le consentement de l'autre partie.

La Commission exprime le désir, que la prénotation ne soit pas subordonnée à la preuve d'un danger déjà existant, que la présomption seule d'un préjudice éventuel suffise, pour rendre possible une prénotation.

§ **103**. Plusieurs membres trouvent le délai de deux mois trop court, surtout pour les créanciers domiciliés au dehors, et qui n'obtiennent peut-être connaissance que très tard du décès de leur débiteur. Ils appellent l'attention de la Commission sur les délais bien plus longs qu'ont les héritiers pour délibérer et pensent que l'acceptation sous bénéfice d'inventaire sauvegarde le droit des héritiers et des légataires de demander la séparation des patrimoines, qu'un délai de trois ou de six mois semblait dès lors désirable.

§ **104**. L'alinéa 2, n° 1, paraît difficile à exécuter d'après la Commission; un membre a, en outre, été d'avis qu'il suffisait de prescrire que le créancier ne pouvait faire *vendre* plus d'immeubles qu'il n'était nécessaire pour se couvrir, à quoi les commissaires du gouvernement ont répondu : qu'il n'était pas possible de concéder au créancier le droit de saisir selon son bon vouloir tous les immeubles de son débiteur et de les soustraires ainsi à la circulation et aux transactions jusqu'au jour de la vente, où l'on parviendrait seulement à déterminer quels sont les immeubles qui doivent servir à désintéresser le créancier. Il sera toujours possible au créancier de justifier devant la justice des charges ainsi que de la valeur approximative des immeubles qui doivent être soumis à la saisie immobilière.

SEPTIÈME SECTION.

De l'organisation de livres fonciers.

Les livres fonciers doivent être, d'après le projet de loi, organisés d'office et sans frais pour les parties, soit par le juge cantonal, soit par telle autre autorité constituée spécialement à cet effet. Ces opérations sont à commencer de suite

dans les communes où le cadastre est en règle et surtout là
où les travaux de renouvellement sont terminés; elles doivent marcher de front avec ces travaux, qui ont à leur servir
de base. Les livres fonciers une fois terminés pour une
commune, l'ancienne législation fait place à la nouvelle, telle
qu'elle est réglée par le projet de loi.

L'organisation des livres fonciers exige des recherches
très exactes sur les immeubles qui doivent y figurer, sur
leurs propriétaires et les autres personnes, qui ont à faire
valoir des droits réels ou d'autres droits soumis à l'inscription.

Le cadastre sert à déterminer les différents immeubles
soumis à l'inscription; il contient, en outre, une base assez
exacte pour la fixation des droits de propriété, de sorte
qu'en règle générale le propriétaire inscrit au cadastre peut
aussi être considéré comme le véritable propriétaire, à moins
qu'un tiers ne vienne à lui contester ses droits. Cette base
manque pour les autres droits, qui peuvent être attachés aux
biens-fonds; les registres hypothécaires n'offrent surtout
pas une garantie suffisante, que les droits qui y sont inscrits
ne soient pas éteints, et qu'il n'en existe pas d'autres qui ne
soient pas soumis à l'inscription. Il incombe dès lors à
l'autorité de faire à ce sujet toutes les recherches nécessaires, en s'appuyant sur les déclarations des propriétaires;
ces recherches ne peuvent cependant justifier une inscription quelconque; il est indispensable que la partie intéressée
fasse elle-même la déclaration des droits qu'elle revendique.
Aussi le projet de loi prévoit-il une sommation publique, de
venir indiquer tous les droits quelconques, que la loi soumet
à l'inscription pour leur validité et que l'on prétend revendiquer. Aux termes de la sommation, les droits que l'on revendique doivent être déclarés dans un délai de six mois, à
partir du jour indiqué par le ministère.

Toutes les parties intéressées sont astreintes à la déclaration, à l'exception du propriétaire inscrit au cadastre et
de ceux qui invoquent des servitudes réelles. Le projet de
loi prévoit que les personnes qui sont astreintes à la déclaration et négligent de la faire, subissent la conséquence de
voir inscrit comme propriétaire, celui qui est inscrit au cadastre et de se voir préférer des droits régulièrement ins-

crits, ce qui peut entraîner pour eux la perte de leur droit ou de l'antériorité de leur rang.

Pour la première inscription des droits immobiliers, il est essentiel de fixer un terme spécial pour tous les droits existant à cette époque, puis de fixer un second terme où seront inscrits tous les droits, qui auront pris naissance entre le premier terme et l'entrée en vigueur des livres fonciers. Le projet de loi admet comme premier terme, le jour où commence à courir le délai de six mois prévu pour les déclarations, et indique l'expiration de la quinzaine après l'entrée en vigueur des livres fonciers comme second terme, de sorte que les droits qui ont pris naissance dans l'intervalle, quand même ils ont été déclarés depuis, restent exclus de l'inscription jusqu'à cette dernière époque. Ce n'est qu'ainsi qu'il est possible d'obtenir un aperçu général de toutes les modifications survenues dans l'intervalle et de juger, en pleine connaissance de cause, quels sont les droits réellement existants qui doivent être inscrits.

Il résulte de l'ensemble de ces prescriptions, que l'organisation des livres fonciers pour le ressort d'une ou de plusieurs communes a à subir les phases suivantes : d'abord une procédure préliminaire pour déterminer les immeubles à inscrire et les parties intéressées, puis commence à courir le délai de six mois fixé par le ministère pour les déclarations et qui est annoncé publiquement. Les déclarations sont faites dans l'intervalle à l'autorité, qui les vérifie pour les renvoyer devant les tribunaux en cas de contestation, ou les inscrire avec le rang qui leur compète d'après la législation actuelle. S'il s'élève une contestation, l'inscription est réservée jusqu'à ce que le procès soit vidé. Le fait de l'inscription est rendu public ; c'est le onzième jour après cette publication qu'entrent en vigueur les livres fonciers et c'est pendant un autre délai.de quinzaine que doivent se produire les déclarations des modifications survenues depuis l'expiration du premier délai. La quinzaine expirée, ces modifications sont elles-mêmes inscrites, après avoir été soumises à la vérification du juge foncier.

Ce mode de procéder n'a pas soulevé d'objections au sein de la Commission. Plusieurs membres ont cependant émis l'avis, qui du reste n'a pas été partagé par d'autres, qu'on devait restreindre les opérations à la consolidation du droit de propriété et ne pas les étendre à la fixation des autres droits réels.

Les différents paragraphes ont, en outre, donné lieu aux observations suivantes:

§ **109.** Quelques membres de la Commission ont appelé l'attention du gouvernement sur la nécessité de lever des extraits hypothécaires pour tous les immeubles pour déterminer le rang des droits réels; qu'on devrait les dispenser de tous frais et honoraires. Les commissaires du gouvernement ont répondu, que le § 129 contenait le principe de la gratuité de la procédure et que cette gratuité s'appliquait également aux extraits dont il était question, qu'il n'était du reste pas indispensable de lever des extraits pour tous les immeubles, les parties ayant elles-mêmes à indiquer les droits dont les immeubles étaient grevés, de sorte que ces déclarations offraient une plus sérieuse garantie que des extraits imparfaits; que le rang hypothécaire se fixait enfin d'après le jour de l'inscription selon des prescriptions de la loi transitoire, ce qui permettait de fixer le rang de ces droits sans recourir à des extraits.

§ **110.** D'après un membre de la Commission, un maire devrait être autorisé à déclarer les droits afférents à un absent; les commissaires n'y ont pas trouvé d'inconvénient, pas plus que dans le vœu d'indiquer dans le § 110 que les servitudes réelles sont dispensées de la déclaration.

§ **119.** Sur la demande de l'un des membres, il fut répondu que le créancier gagiste d'un usufruit peut être informé de l'inscription et être en droit de demander un extrait de la feuille des livres fonciers, en ce qui concerne son droit.

§ **120.** L'un des membres proposa de ne suivre pour chaque banlieue qu'une procédure d'ensemble pour toute l'étendue de la banlieue, et de ne pas introduire les livres fonciers pour des portions de banlieues. Les commissaires du gouvernement pensent qu'en règle générale, les livres fonciers entreront en vigueur en même temps pour toute la banlieue; il peut cependant se présenter le cas où, par suite de contestations, telle partie d'une banlieue ne pourrait pas y être soumise ; pourquoi ajournerait-on alors la mise en vigueur pour le surplus peut-être pendant plusieurs années?

§ **121.** La Commission reconnaît l'opportunité des dispositions du § 121, mais elle désire l'étude spéciale de la question de savoir, si le rang déterminé par l'expiration du délai d'un an, sans qu'il se soit produit une protestation, doit être maintenu au profit du tiers acquéreur ou aussi au profit de ceux primitivement inscrits, ou s'il ne paraissait pas indiqué de prolonger le délai d'un an pour les personnes domiciliées à l'étranger.

§ **123.** On a exprimé le vœu de voir prolonger le délai de dix jours, sans qu'il y ait un motif fondé, d'après le gouvernement.

§ **125.** D'accord avec le gouvernement, on a proposé de confier les registres hypothécaires actuels non seulement aux juges fonciers, mais aussi, le cas échéant, à une autre autorité.

§ **128.** Pour arriver à une concordance parfaite entre le cadastre et les livres fonciers, la Commission propose de modifier la rédaction du § 128, pour établir cette concordance.

III.

B. Projet de loi relatif aux actes concernant la propriété foncière et l'usufruit sur les immeubles, ainsi qu'au régime hypothécaire.

Observations préliminaires.

Ce projet de loi contient des dispositions transitoires, qui paraissent indispensables pour l'introduction des livres fonciers. Il a pour objet : 1º de faire disparaître en partie les divergences entre l'ancienne législation et celle qui régit les livres fonciers, dont l'introduction ne peut être que lente et partielle; 2° de faciliter l'introduction de la nouvelle législation. Pour atteindre ce dernier but, le projet de loi soumet strictement dès maintenant toutes les hypothèques à la publicité et à la spécialité, ce qui permettra d'obtenir facilement une image claire de la situation hypothécaire de chaque immeuble, lors de l'entrée en vigueur des livres fonciers.

En ce qui concerne le premier but visé par le projet de loi, il paraît certain que l'introduction graduelle des livres fonciers dans tout le pays, durera probablement dix années et même plus. Il est dès lors matériellement impossible d'éviter que deux législations subsistent pendant quelque temps côte à côte. Le projet de loi tend à faire disparaître les inconvénients qui peuvent résulter de la concomitance de ces deux législations, en remédiant dès à présent en tant que besoin aux défectuosités de la loi actuelle, pour arriver ainsi sans retard à l'amélioration du crédit immobilier.

D'après le projet de loi, les principales défectuosités du système actuel, qu'il s'agit de faire disparaître même sans l'introduction de livres fonciers, consisteraient :

1° dans les actions en rescision et en résolution qui grèvent les biens-fonds dans un grand nombre de cas,

2° dans les privilèges, et

3° dans les hypothèques générales et tacites.

PREMIÈRE SECTION.

De la rescision des actes relatifs à la propriété foncière et à l'usufruit sur les immeubles.

Les droits de rescision attachés à la propriété foncière sont soumis dans les §§ 1 à 4 du projet à peu près aux mêmes prescriptions que celles dont il a été question dans l'examen des §§ 38-40 du projet de loi concernant l'introduction des livres fonciers. Ils ont en général pour effet, excepté dans le cas prévu par l'article 958 du Code civil, que la propriété est censée être restée au premier vendeur, de

sorte que non seulement le droit de propriété de l'acquéreur
et de ses ayants-droit, mais aussi tous les autres droits réels
et surtout les hypothèques que les acquéreurs ont pu avoir
concédés tombent, par l'exercice de l'action en rescision, au
préjudice d'un grand nombre de parties intéressées. Il n'est
pas douteux que de pareilles dispositions compromettent la
sécurité de la propriété foncière et des hypothèques et
portent une grave atteinte au crédit immobilier. Aussi le
projet de loi cherche-t-il à protéger, dans l'intérêt du crédit
réel, les tiers qui ont acquis dans l'intervalle directement ou
indirectement des droits à la propriété et les ont conservés
en observant les formalités de l'inscription ou de la transcription; le projet de loi part à ce sujet du principe qu'il
est toujours très difficile et quelquefois impossible pour les
tiers de se rendre compte avant la vente des actions en rescision dont peut être grevé un immeuble.

De la résolution des contrats de vente et des dispositions
pour cause de mort.

§ **1**. Le § 1 s'occupe du droit de révocation ou d'annulation d'un contrat de vente ou de dispositions pour cause de
mort. Ce droit, qui repose sur la loi ou sur la convention,
compète au précédent propriétaire, dans le cas où l'acquéreur ne remplit pas ses engagements. La résolution n'a pas
lieu de plein droit, elle résulte en général de la décision du
juge; le juge peut cependant accorder des termes au débiteur. L'immeuble retourne au propriétaire primitif *ex tunc*,
c'est-à-dire libre et franc de toutes les charges qui peuvent
le grever du chef de tierces personnes.
D'après le projet de loi, des droits de préférence si étendus compromettent la sûreté des transactions immobilières
et sont inutiles au vendeur, qui trouve une garantie suffisante dans son privilège, d'autant plus que l'action résolutoire s'éteint en même temps que ce dernier droit. Ces
actions résolutoires se trouvent du reste en contradiction
avec le principe, que tout ce qui n'est pas inscrit aux
registres publics ne peut être opposé aux tiers.

L'action résolutoire dure d'une manière occulte aussi longtemps que dure l'inscription du privilège ; les tiers acquéreurs n'ont aucun moyen de se garantir contre elle. Si le privilège n'est pas inscrit, les droits du tiers acquérenr sont sauvegardés par la transcription du titre, mais le créancier hypothécaire du premier acquéreur reste toujours soumis à l'action résolutoire, quand même le privilège du vendeur n'est pas inscrit. Le droit de résolution et l'action qui y est attachée produisent l'effet d'un privilège tant que le prix de vente n'est pas payé, à l'encontre de tous les tiers qui n'ont pas acquis par la *transcription* des droits préférables. Le projet de loi a pour but de restreindre les effets de ce droit de préférence tacite et rétroactif; le droit de résolution ne doit plus pouvoir s'exercer à l'avenir contre les tiers, qui ont acquis des droits sur l'immeuble et ont rempli les formalités prescrites par la loi pour la conservation de ces droits. Cette innovation ne s'applique pas aux créanciers chirographaires. Pour se garantir contre les suites qui peuvent en résulter, la partie intéressée peut sauvegarder ses droits par l'inscription d'un extrait de la demande judiciaire, mais seulement lorsque la demande est portée devant les tribunaux.

Ce changement dans la législation actuelle a été l'objet d'une critique assez vive au sein de la Commission. Quelques membres font valoir que le droit de résolution représente le droit très important du précédent propriétaire de reprendre son immeuble, si l'autre partie néglige de remplir ses engagements; il incombe à l'autre partie ou au tiers acquéreur ou au créancier hypothécaire de le désintéresser d'abord, s'ils veulent rester en paisible possession de la propriété ou des charges qui la grèvent; ces droits ne doivent pas produire d'effet, tant que le prix de vente n'est pas payé. Par la suppression de l'action résolutoire tacite, on arrive à créer un crédit immobilier factice au détriment du précédent propriétaire; celui qui ne paye pas le prix stipulé ne saurait avoir le droit de vendre ou de grever de charges l'immeuble, qui a fait l'objet de la convention.

La suppression des actions résolutoires semble être un bienfait pour d'autres membres, le vendeur étant largement garanti par son privilège. Si l'immeuble a passé entre les mains d'un autre propriétaire, pourquoi le vendeur reprendrait-il un droit qu'il a cédé? Il n'a plus droit qu'au prix de vente convenu entre les parties. Les actions résolutoires servent souvent à des exploitations usuraires de débiteurs malheureux de la part des cessionnaires, ou à une entente frauduleuse entre le vendeur et le débiteur, pour frustrer de leurs prétentions les créanciers hypothécaires.

Quelques membres craignent, de leur côté, de voir ainsi atteints les partages anticipés qui sont entrés dans les mœurs de l'Alsace-Lorraine et qui consistent, de la part des père et mère, à remettre leurs immeubles à leurs enfants, sous réserve de droits d'habitation ou de prestations en nature. Les père et mère ne trouveraient plus aucune espèce de protection, en cas d'inexécution des conditions de la part des donataires, si l'action résolutoire leur était enlevée.

Les commissaires du gouvernement ont objecté qu'aucune autre législation que la loi française connaissait des droits de préférence aussi étendus, et que la Belgique et la Hollande, qui se trouvaient au surplus sous le régime du Code civil, les avaient depuis longtemps restreints dans leurs effets.

Pour concilier les différentes opinions, l'on proposa de supprimer vis-à-vis des tiers les actions résolutoires fondées sur la loi et de maintenir celles qui résultaient de la convention des parties. A l'appui de cette proposition l'on a fait valoir :

Chacun doit connaître la loi, mais en fait elle reste inconnue à bien des personnes, qui supportent souvent les tristes conséquences de leur ignorance. C'est ainsi que le tiers acquéreur peut être lésé par une action résolutoire tacite, s'il néglige de prendre les précautions nécessaires. Il n'en est pas de même des droits résultant de la convention des parties. L'acquéreur est alors à même de sauvegarder ses intérêts; le contrat se publie au moyen de transcription; le tiers qui veut acheter ou affecter un immeuble, peut se rendre compte des termes du contrat d'acquisition du propriétaire. Il en résulte que si le vendeur ne veut céder sa propriété, que sous la condition de la rétrocession en cas d'inexécution des engagements de la part de l'acheteur, il est du devoir de l'acquéreur de voir, s'il veut se soumettre à ces conditions ; il lui est loisible, dans le cas où le vendeur maintient cette condition, ou bien d'insister pour sa suppression ou d'offrir un prix moindre eu égard à cette charge onéreuse.

Plusieurs membres n'ont pas admis cette distinction entre les deux sortes d'actions résolutoires ; mais ils ont proposé de considérer le privilège comme une hypothèque soumise à l'inscription et de ne donner d'efficacité à l'action résolutoire vis-à-vis des tiers, que si le privilège est inscrit. L'avertissement ainsi donné aux tiers acquéreurs doit suffire pour les décider à être prudents et à ne pas conclure légèrement un contrat de mutation. Il faudrait, dans tous les cas, d'après l'avis d'autres membres de la Commission, autoriser les prénotations avant l'introduction de l'action résolutoire, pour mettre le vendeur à couvert contre tout acte de disposition, soit en propriété, soit en affectation hypothécaire. Sous le régime des livres fonciers, les prénotations sont soumises à la nécessité de la décision judiciaire préalable ; cette prescription a pour but d'empêcher l'inscription d'une foule de prénotations non fondées en droit. Dans le but de sauvegarder tous les intérêts, on pourrait peut-être concéder de soumettre à la décision judiciaire les prénotations d'actions résolutoires fondées sur la loi et de permettre l'inscription pure et simple de ces actions, en tant qu'elles résultent de la convention des parties.

De la rescision des conventions.

§ **2.** Les actions en rescision ont pour but de faire prononcer en justice l'annulation d'une transmission de propriété pour un vice adhérant à la convention. L'acquisition est annulée *ex tunc* et le contrat est résilié au préjudice des droits acquis dans l'intervalle par des tiers. Le vice peut être purgé si la convention est seulement annulable ; en cas de nullité absolue pour vice de forme, la convention reste nulle, de même si elle est contraire à l'ordre public ou aux bonnes mœurs. Ces nullités se distinguent des premières, en ce qu'elles ont lieu de plein droit dans l'intérêt des deux parties ou contre elles, tandis que les premières ne sont introduites que dans l'intérêt de l'une des parties, qui peut seule les faire valoir, que la convention conserve son plein et entier effet, tant qu'elle n'est pas attaquée par la partie et annulée par le juge. Le projet de loi ne s'occupant pas des contrats nuls de plein droit, un des membres de la Commission a exprimé le désir de faire ressortir cette différence dans le texte de la loi.

Les actions en rescision, qui ne se prescrivent que par dix ans, d'après les articles 1304 et suivants du Code civil, portent atteinte au crédit réel et entravent les transactions immobilières ; aussi le projet de loi essaie-t-il de les restreindre dans leurs effets dans l'intérêt des tiers. Le tiers qui a acquis des droits de bonne foi et sous les formalités légales, est garanti contre les actions en rescision en vertu de la foi pleine et entière attachée aux livres fonciers ; cette garantie doit déjà lui être fournie sous la législation actuelle par les prescriptions du § 2 du projet de loi, si du moins les droits du précédent propriétaire sont basés sur un contrat passé devant notaire.

Le projet de loi aperçoit dans l'acte notarié une garantie suffisante contre des conventions contractées légèrement, comme par exemple en cas de minorité de l'une des parties contractantes. L'intervention du notaire doit toujours suffire pour empêcher les parties de conclure des conventions rescindables. La partie lésée aura la faculté de se prémunir contre les actes de disposition de l'acquéreur par une prénotation, qui le garantira dans la plupart des cas ; tandis que sous le régime actuel il ne peut pas se garantir contre la prescription décennale.

Des rapports, réductions de donations et actions résolutoires du donateur, etc.

§ **3.** Le § 3 s'occupe de plusieurs hypothèses où la loi prévoit le retour de la propriété entre les mains du précédent propriétaire ; le projet de loi n'introduit à ce sujet que quelques légères modifications, comme par exemple pour le droit du cohéritier de demander un rapport d'immeubles, qui ne s'ouvre qu'après le décès du donateur et qui a pour effet la restitution en nature de l'immeuble donné, s'il se trouve encore entre les mains du donataire, sinon un rapport en moins-prenant. Le tiers doit dans ce cas être garanti contre l'action en revendication, soit qu'il ait eu connaissance ou non de l'obligation de rapporter l'immeuble ; les héritiers empêcheront le donataire de disposer de l'objet soumis au rapport après le décès du donateur, en faisant prénoter leur droit dans les registres.

Les héritiers à réserve ne peuvent intenter leur action en restitution d'immeubles ou en réduction de donations vis-à-vis des tiers acquéreurs, qu'après avoir exercé des poursuites infructueuses contre le donataire ; le projet de loi prescrit à l'héritier à réserve l'inscription de son droit, du moment qu'il entend l'exercer vis-à-vis des tiers.

Le donateur qui s'est réservé dans l'acte de donation le droit de retour de l'objet donné en cas de survenance d'enfant, peut le faire valoir vis-à-vis des tiers, sans distinction entre la législation actuelle et le projet de loi, les tiers ayant eu connaissance de la clause de retour par la transcription de la donation ; le retour légal ne sera cependant garanti à l'avenir que par l'inscription ; seront également soumis à l'inscription les droits de retour de l'époux donateur dans le cas prévu par l'article 1096 ainsi que les droits réglés par les articles 1408, al. 2 et 1699 Code civil. Les tiers sont garantis dans ces différents cas, s'ils ont acquis des droits sur l'immeuble, en tant qu'ils ont rempli les formalités prescrites par la loi pour leur conservation.

Les restrictions aux droits de l'héritier à réserve, que prévoit le projet de loi, soulevèrent au sein de la Commission les mêmes objections, que lors de la discussion du projet de loi sur l'introduction des livres fonciers.

DEUXIÈME SECTION.

Des privilèges.

Le § 19 prévoit la suppression de divers privilèges, le § 5 maintient, au contraire, le privilège du vendeur ou du prêteur d'un prix de vente, du copartageant, des créanciers de la succession et des légataires, et se borne à restreindre les délais actuels prévus pour la conservation de ces droits. La Commission propose de maintenir le délai actuel pour l'inscription du privilège du copartageant et d'accorder pour l'inscription des deux autres privilèges, un délai de 45 jours ou de 3 ou de 6 mois.

§ **6.** Le privilège de l'État pour les frais criminels, qui se conserve par son inscription dans un délai de 2 mois, ne s'exerce que très rarement dans la pratique; aussi, peut-il, d'après votre Commission, être remplacé sans inconvénient par une hypothèque.

TROISIÈME SECTION.

DES HYPOTHÈQUES.

A. **Des hypothèques judiciaires.**

§ **7.** L'hypothèque judiciaire, que peut faire valoir tout créancier qui a obtenu un jugement par défaut ou contradictoire ou un commandement de payer déclaré exécutoire, est, d'après le projet de loi, une des institutions les plus défectueuses du système hypothécaire actuel, le créancier obtenant la faculté d'inscrire son droit de préférence sur tous les immeubles présents et futurs du débiteur. Cette hypothèque contient, d'après le projet de loi, un privilège injuste pour le créancier, qui n'a pas traité avec le débiteur dans la prévision d'un droit de préférence, ou qui a peut-être formellement promis au débiteur de ne pas lui demander de sûreté hypothécaire et qui cependant a fait tout à coup inscrire une hypothèque générale. Elle constitue une espèce de prime pour le créancier rusé, qui demeure à proximité du débiteur, qui est peut-être le dernier créancier en date et qui par son inscription prime tout à coup les créanciers plus anciens, mais aussi plus scrupuleux. Elle contient en outre une grave inconséquence; toute la fortune du débiteur étant le gage commun de tous les créanciers chirographaires, on ne s'explique pas pourquoi l'un d'eux devrait prendre le pas sur les autres. Le débiteur aurait pu sans doute encore contracter des emprunts ou payer des dettes, mais l'inscription d'une hypothèque judiciaire lui a enlevé tout crédit et toute planche de salut. Aussi l'expérience enseigne-t-elle, que ces sortes d'hypothèques entraînent ordinairement la faillite du débiteur, les autres créanciers faisant également valoir leurs droits et exerçant des poursuites contre leur débiteur dans des moments difficiles, dès qu'ils apprennent que l'un d'eux a pris les devants pour se couvrir à leur détriment. Aussi l'usurier profite-t-il souvent à la campagne de sa position de créancier d'une petite somme, pour obtenir une hypothèque judiciaire et exploiter ensuite son malheureux débiteur.

L'hypothèque judiciaire est à considérer comme une source d'incertitudes pour les transactions immobilières, puisqu'elle s'étend sur toute la fortune du débiteur et qu'il est souvent difficile de savoir si l'un des précédents propriétaires n'a pas été grevé d'une pareille hypothèque. Elle diminue le crédit du débiteur d'une manière très sensible, le créancier honnête ne donnant plus à crédit à une personne chargée d'une hypothèque judiciaire; elle sert de moyen pour exploiter l'inexpérience de la jeunesse, le créancier malhonnête se garantissant facilement l'avenir, moyennant une inscription sur la fortune future de son débiteur insoucieux. Ce sont là les motifs sur lesquels se base le projet de loi pour supprimer l'hypothèque judiciaire; il ne suit à ce sujet que l'exemple des autres pays, surtout de la Belgique et de la Hollande, où la suppression de cette institution doit avoir amené les meilleurs résultats.

Quelques membres de la Commission objectent à ces observations des commissaires du gouvernement, que la suppression de l'hypothèque judiciaire impliquait la disparition complète de tout crédit personnel, la plupart des créanciers n'accordant de crédit qu'avec la perspective de se garantir au premier danger par un jugement. Cette sûreté disparaissant, la plupart des prêts seraient immédiatement dénoncés. On n'arrêterait pas par là les menées des usuriers; le débiteur qui laissait, du reste, intervenir un jugement sans remplir ses engagements, n'était pas digne d'obtenir un nouveau crédit; au créancier on enlèverait la faculté de se renseigner à la conservation des hypothèques, sur la véritable situation de fortune de son débiteur, il ne lui serait plus loisible d'attendre, mais devrait procéder immédiatement à l'exécution forcée. Si le privilège du premier saisissant en matière mobilière diminuait le crédit personnel, il en était tout autrement de l'hypothèque judiciaire, qui permettait au créancier d'attendre, dès qu'il avait obtenu des garanties pour l'avenir.

Les commissaires du gouvernement, de leur côté, firent valoir les arguments suivants : l'hypothèque judiciaire est une spécialité du droit français et contient une grave iniquité vis-à-vis du possesseur d'immeubles; celui qui ne possède que des valeurs mobilières n'en est pas atteint. Le jugement ne doit avoir en général qu'un effet déclaratif; dans ce cas spécial il produit un droit réel. Le crédit personnel continuera à subsister même sans cette garantie, puisqu'il est basé sur la personne du débiteur et non sur sa fortune immobilière; le créancier n'est, du reste, jamais sûr de trouver encore des immeubles chez son débiteur, puisque ce dernier peut en avoir disposé avant l'inscription de l'hypothèque. Dès qu'il n'y aura plus d'hypothèques judiciaires, les créanciers n'auront plus aucun intérêt à poursuivre leur débiteur; le débiteur sera dans le cas de se mettre à l'abri des poursuites que voudra exercer un créancier, soit en lui fournissant une caution, soit en lui donnant une hypothèque conventionnelle, qui entraînera à l'avenir bien moins de frais qu'un jugement et que l'inscription d'une hypothèque judiciaire.

Au sein de la Commission on a proposé d'accorder un privilège sur les immeubles du débiteur au créancier, qui procédait par voie d'arrêt ou en général par voie d'exécution forcée. A cette proposition il a été objecté qu'il n'était pas de l'intérêt du débiteur d'augmenter encore le nombre des privilèges.

Plusieurs membres de la Commission ont reconnu les inconvénients que signalait le projet de loi et ont proposé de restreindre les effets de l'hypothèque judiciaire, en n'y soumettant que les immeubles présents du débiteur et en permettant à celui-ci de recourir à une procédure simple et peu coûteuse, pour obtenir la réduction de l'hypothèque dans la mesure des intérêts du créancier. Les commandements de payer déclarés exécutoires ne devraient au surplus plus à l'avenir servir de titre à l'inscription. A ce sujet le gouvernement fait remarquer qu'une mesure analogue a réduit dans le grand-duché de Bade, d'une façon très notable, le nombre des hypothèques judiciaires Pour l'un des membres de la Commission, il suffirait de restreindre l'hypothèque judiciaire aux jugements déclarés exécutoires.

B. Des hypothèques légales.

Depuis longtemps des voix très autorisées se sont déclarées contre le maintien de l'hypothèque légale du mineur et de la femme mariée. La loi hollandaise l'a supprimée, dans d'autres législations on l'a conservée, mais seulement comme titre de l'inscription, de sorte qu'elle ne produit d'effets qu'autant qu'elle est inscrite et seulement du jour de son inscription.

Le projet de loi supprime dans le même sens les hypothèques légales et propose de donner d'autres garanties à ces personnes, qui ne peuvent pas en règle générale se défendre facilement elles-mêmes.

Pour la conservation pure et simple de ces hypothèques, on fait ordinairement valoir les moyens suivants : la nécessité morale, l'intérêt de la famille et de l'État demandent que la dot de la femme et le patrimoine des mineurs soient mis à l'abri des dissipations. Aussi les adversaires des hypothèques légales sentent-ils la nécessité de prendre soin de l'inscription des droits de la femme et du mineur et ils espèrent atteindre ce but en soumettant cette inscription à d'autres règles, ce qui fait courir le danger de se voir lésés,

à ceux qu'ils veulent protéger, du moment que l'on néglige
de remplir la formalité de l'inscription. L'inscription seule de
l'hypothèque de la femme et du mineur, dans les registres
fonciers ou hypothécaires ne suffit pas du reste, puisqu'il
est surtout très important de connaître le montant de la dette
qui doit être garantie par l'hypothèque. Il est difficile de
soumettre l'inscription à la nécessité d'être prise pour une
somme déterminée, ces sortes de prétentions dépendant
souvent de toutes sortes d'éventualités ; chacun peut facilement savoir si une personne est mariée ou gère une tutelle.
Le créancier majeur doit enfin être moins favorablement
traité que les femmes et les mineurs, dont la défense est
confiée à la loi.

Il se pose ainsi la question de savoir, si la protection
exercée par l'État au détriment des maris et des tuteurs et
du crédit en général, pouvait compenser les inconvénients
que l'on signalait.

Le projet de loi fait valoir pour la suppression de ces
hypothèques les motifs suivants :

L'hypothèque légale est une grande charge pour le mari
ou le tuteur. Toute sa fortune y est assujettie, personne ne
contracte volontiers avec lui, l'acquéreur d'un bien-fonds
soumis à une pareille hypothèque n'en prend possession
qu'avec une certaine appréhension. Un grand nombre d'immeubles se trouvent ainsi en dehors du commerce. L'hypothèque peut, il est vrai, être restreinte à certains immeubles,
mais pas pour le montant des droits qu'elle doit garantir.
La procédure est du reste longue et coûteuse. La purge
garantit également contre les hypothèques non inscrites,
mais à condition de suivre une procédure spéciale également dispendieuse, sans souvent arriver au but que l'on
désire atteindre, surtout si l'on se trouve en présence de
dissensions conjugales. Les hypothèques légales servent souvent à tromper les créanciers, qui peuvent sans doute dans
la plupart des cas se renseigner sur les rapports de famille
de leur débiteur ; mais le mariage peut avoir été contracté
en pays étranger, les certificats émanant de la justice ne
suffisent souvent pas pour éclairer la question de savoir si une
personne est mariée ou gère une tutelle. Pour le maintien
de l'hypothèque légale de la femme, l'on ne saurait objecter

que le créancier n'a qu'à se procurer les garanties suffisantes, en posant comme condition du prêt l'engagement
solidaire de la femme, puisque cette perspective renferme
de son côté une injustice pour la femme, qui devient ainsi
la victime de son hypothèque légale. La femme ne se décide-
t-elle pas à s'engager solidairement avec son mari, il en
résulte ou bien que ce dernier est privé de tout crédit ou
bien que le créancier a plus tard à se repentir de sa con-
descendance.

Par l'hypothèque légale de la femme, on ouvre la porte
aux mécomptes et aux surprises, si l'on trompe le créancier,
soit sur l'importance prétendue minime des reprises de la
femme, soit par l'exagération des prétentions de cette dernière, pour permettre aux époux de s'enrichir plus tard au
détriment des créanciers.

Il est matériellement impossible aux créanciers de se
garantir contre l'hypothèque légale du mineur. Aussi cette
prétendue garantie tourne-t-elle souvent au détriment du
mineur. Les personnes aisées et capables de gérer une
tutelle cherchent à se soustraire à ce fardeau, les femmes
sont ordinairement obligées de s'engager solidairement avec
leurs maris et de sacrifier leur fortune, parce que leurs
maris ne trouveraient pas à emprunter sans leur interven-
vention. On y rencontre enfin une grosse inconséquence,
ceux qui possèdent des immeubles étant seuls soumis à
cette charge, de sorte que c'est principalement la fortune
immobilière, qui a à en supporter les fâcheuses conséquences.

Comment y remédier, sans compromettre les intérêts des
parties intéressées? Le projet de loi suit l'exemple de presque tous les systèmes hypothécaires allemands et de la
législation belge qui a fait ses preuves, en donnant à la
femme mariée et au mineur un titre à l'hypothèque, qui ne
devient efficace que par l'inscription; ce système ne peut du
reste s'adapter au régime des livres fonciers, que sous la
condition que l'hypothèque soit inscrite pour une somme
déterminée et sur des immeubles spécialement désignés.

I. De l'hypothèque du mineur (§§ 8-11).

Pour les tuteurs, il ne semble pas difficile de régler la matière, du moment que l'on se rend compte de la nature des prétentions que peut avoir un mineur contre son tuteur. Le tuteur ne peut vendre les immeubles de son pupille sans l'autorisation du conseil de famille, le conseil de famille est dès lors toujours en situation de sauvegarder les intérêts du mineur. La même garantie n'existe pas pour la fortune mobilière du mineur ; dans cette hypothèse l'on pourrait s'abstenir de remettre toute la fortune mobilière au tuteur, et déposer, par exemple, les titres dans une caisse publique, ce qui faciliterait la fixation de la garantie que le tuteur aurait à fournir. Le danger qui proviendrait de la non-inscription de l'hypothèque pourrait être écarté, en chargeant certaines personnes de soigner l'inscription. Le conseil de famille aurait, lors de l'ouverture de la tutelle ou de la nomination du subrogé tuteur, lors d'un partage, de l'ouverture d'une succession, etc., à fixer la somme qui devrait être garantie par une hypothèque et le greffier aurait à opérer l'inscription. On pourrait imposer au tuteur l'obligation de remettre au juge cantonal tous les ans ou bien tous les deux ou trois ans, un état détaillé de la fortune du mineur ; on pourrait de même imposer au notaire l'obligation d'informer le juge cantonal chaque fois que des valeurs écherraient à un mineur, on pourrait enfin prescrire que le tuteur ne serait autorisé à toucher un capital appartenant au mineur, qu'avec le concours du subrogé tuteur.

Le projet de loi ne va pas si loin dans les précautions qu'il prévoit. Il prescrit seulement, en règle générale, que le tuteur qui a à gérer une fortune tant soit peu importante, peut être tenu à fournir une hypothèque en vertu d'une délibération du conseil de famille ; cette hypothèque doit être inscrite et renouvelée par le juge cantonal.

La Commission a été d'accord avec le projet que l'hypothèque devait être soumise à l'inscription ; quelques membres ont également approuvé le système de la spécialité, mais pas la restriction de l'inscription pour le cas seulement

7

d'une fortune tant soit peu importante ; ils n'ont en outre pas approuvé la faculté attribuée au conseil de famille d'ordonner une inscription ou d'en dispenser le tuteur. A leur avis, il faudrait imposer au conseil de famille l'obligation de prendre soin de l'inscription hypothécaire et l'autoriser seulement dans les cas exceptionnels à en dispenser le tuteur. La Commission estime qu'il n'est pas à prévoir que le conseil de famille puisse toujours apprendre à temps que des valeurs sont échues au mineur ; elle s'est en outre posé la question de savoir, s'il ne fallait pas imposer au greffier l'obligation d'inscrire l'hypothèque dans un certain délai, sous peine d'amende.

Il ne paraît pas douteux que le cotuteur puisse également être tenu de fournir une hypothèque et qu'il soit inutile de grever toute la fortune immobilière d'un administrateur provisoire (§ 12), dans le cas prévu par l'article 34 de la loi du 30 juin 1838.

II. De l'hypothèque légale de la femme mariée
(§§ 13-16).

En ce qui concerne l'hypothèque légale de la femme mariée, il se présente des difficultés plus sérieuses, puisque la fiancée et la femme mariée se montreront peu disposées à faire acte de défiance en provoquant de suite l'inscription de leur hypothèque. On ne saurait de même se fier aux dispositions du mari à faire inscrire lui-même l'hypothèque légale de sa femme. Pour sortir de la difficulté, il se présente deux moyens qui consistent :

1º A prescrire les contrats de mariage obligatoires et à imposer au notaire instrumentaire l'obligation de faire inscrire l'hypothèque de la femme, ou

2º A faire abstraction de la nécessité des contrats de mariage, mais à imposer au notaire le soin de l'inscription dans les cas où il recevrait un de ces contrats et de permettre à la femme et à ses parents de faire inscrire en tout temps l'hypothèque légale.

Le premier moyen ne paraît pas pratique à la Commission, le contrat de mariage occasionnant des frais assez considérables, qui seraient frustratoires dans tous les cas où les futurs époux ne posséderaient aucune fortune ; ce serait du reste une formalité vexatoire qui ne se justifierait pas vis-à-vis des fiancés. Il s'agissait dès lors de savoir si les moyens proposés par le projet de loi pouvaient être regardés comme satisfactoires. Votre Commission n'a pas méconnu que le projet de loi tendait à relever le crédit général de l'agriculteur, en introduisant plus de clarté dans sa situation hypothécaire, en cherchant à dégrever la fortune du mari par la suppression de charges souvent inutiles, et en garantissant la femme mariée contre les prétentions exagérées des créanciers, qui cherchaient à la mêler continuellement aux affaires du mari. La loi de brumaire an VII croyait avoir atteint ce but par la spécialité et la nécessité de l'inscription de toutes les hypothèques légales ; elle n'est pas arrivée au but désiré, parce que les personnes qu'elle avait chargées de l'inscription, à savoir le subrogé tuteur et le mari, ne remplissaient pas leur devoir ; aussi le Code civil revint-il à l'ancien système.

La loi belge de 1851 s'appuie de nouveau sur la loi de brumaire et contient des prescriptions [spéciales sur le mode d'inscription des hypothèques légales. C'est le conseil de famille qui fixe la somme pour laquelle il doit être pris une inscription en faveur du mineur, et qui désigne les immeubles sur lesquels l'hypothèque doit être inscrite. L'hypothèque légale de la femme est spécialisée, quant à la créance et quant aux biens, par le contrat de mariage ou par le président du tribunal ; ce n'est qu'après que l'hypothèque est spécialisée qu'on la soumet à l'inscription.

D'après le projet de loi la femme mariée ne jouit que d'une garantie insuffisante sous l'empire du Code civil ; on l'oblige ordinairement à renoncer à son hypothèque au profit des créanciers du mari, ou bien à s'engager comme débitrice solidaire. La loi ne saurait la priver de son droit de disposition sur sa fortune ; aussi longtemps qu'elle est sous l'influence de son mari, elle doit être libre de disposer tant de sa fortune que de son hypothèque légale. La loi n'est en mesure de la garantir que tant qu'elle n'est pas encore ou n'est

plus soumise à cette influence, et le gouvernement croit
avoir trouvé la solution de ce problème dans le présent projet de loi.

Il abandonne d'abord dans le § 13 aux parties intéressées
le soin de sauvegarder leurs intérêts au moment de la con-
clusion du mariage ; si la fiancée ne montre pas assez
d'énergie, il appartient à ses père et mère, à ses parents de
la remplacer à cet égard ; s'il existe un contrat de mariage,
il est du devoir du notaire de soigner l'inscription. Dans le
cas où la fiancée ne possède pas de fortune ou n'en attend
pas, il est inutile de grever les immeubles du mari de cette
charge, qui pourrait devenir gênante. Si l'hypothèque doit
être inscrite plus tard, il incombe au juge cantonal d'en soigner l'inscription à la requête de la femme elle-même, ou
d'un de ses parents, ou du ministère public. La femme n'a-
gira sans doute que si elle est soustraite à l'influence de son
mari. Dès que la garantie fournie n'est plus nécessaire en
tout ou en partie, l'inscription est rayée ou réduite, soit en
vertu du consentement des parties, soit en vertu d'une décision judiciaire. Si la femme a cédé ses droits à un tiers, il
devient nécessaire de toujours suivre la voie judiciaire, les
tiers pouvant être lésés par suite d'une connivence entre les
époux, s'ils avaient la faculté de faire disparaître l'hypothèque en tout ou en partie ; le tiers pourra ainsi toujours
faire valoir ses droits dans l'instance devant les tribunaux.
La nécessité de l'inscription donne à la femme mariée une
garantie de plus que la loi du 23 mars 1855, l'hypothèque
non inscrite devenant sans effet vis-à-vis des tiers, si elle
n'est pas inscrite dans l'année après la dissolution du mariage, ce qui lèse les intérêts d'héritiers mineurs de la
femme, qui sont dans l'impossibilité de se garer contre cette
prescription.

L'hypothèque légale de la loi actuelle trouva ses défenseurs
au sein de la Commission ; les adversaires furent obligés de
reconnaître de leur côté qu'elle gênait bien peu dans la pratique, la femme renonçant généralement à son hypothèque,
de sorte que la protection que lui accordait la loi était illusoire et ne servait souvent qu'à favoriser l'un ou l'autre des
créanciers du mari. Quelques membres n'auraient rien à
objecter contre la nécessité de l'inscription, si l'hypothèque

était maintenue comme hypothèque générale. Le projet de loi fut surtout l'objet de la critique d'autres membres, qui trouvaient la sûreté accordée à la femme dans son contrat de mariage comme illusoire, le mari n'acquérant souvent des immeubles que bien plus tard, ou les reprises de la femme prenant souvent naissance seulement pendant le mariage. D'autres membres accepteraient le projet de loi tel quel. D'après leur avis, la loi garantit suffisamment la femme, du moment qu'elle lui donne une hypothèque et confie le soin de l'inscription non seulement à elle, mais aussi à ses parents, qui peuvent à volonté en faire usage. La femme mariée se trouve aujourd'hui dans un état d'indépendance, que ne connaissaient pas nos ancêtres; le défaut de liberté ne doit pas être dès lors un danger pour la conservation des droits de la femme. Il est bien entendu qu'elle ne peut être soumise à l'autorisation maritale pour opérer l'inscription de son hypothèque. La femme mariée jouira ainsi d'une meilleure protection que sous le Code civil et la loi de 1855. Du moment que le créancier trouve dans les immeubles libres de toute hypothèque une garantie suffisante, il peut renoncer à l'avenir à l'engagement solidaire de la femme; la femme est ainsi en mesure de sauver sa dot et sa fortune future contre les prétentions des créanciers de son mari. S'il était, en outre, possible de donner à la femme une garantie de plus dans le système des livres fonciers, en lui accordant, par exemple, un droit de préférence sur les immeubles du mari contre des créanciers chirographaires, même sans inscription, elle se trouverait certainement dans une position bien plus favorable que sous le régime actuel.

La Commission a contesté l'utilité des dispositions du § 14.

QUATRIÈME SECTION.

Dispositions générales.

§ **17**. Le projet de loi applique, dans le § 17, le principe de la publicité et de la spécialité d'une manière générale à toutes les hypothèques; il en résulte que l'hypothèque ne produit ses effets vis-à-vis des tiers que par l'inscription, et celle-ci détermine en même temps le rang des hypothèques entre elles. En prescrivant la spécialité, le projet exige que l'inscription ne contienne pas seulement tout ce qui sert à déterminer l'identité des parties et la nature de la dette, mais indique aussi le montant précis de la créance et contienne la description exacte de chaque immeuble grevé de l'hypothèque. Si le montant de la créance ne résulte pas déjà du titre constitutif de l'hypothèque, le créancier est obligé d'en indiquer approximativement le montant, pour permettre de déterminer d'après l'inscription, jusqu'à quel point les immeubles sont chargés par l'hypothèque.

Toutes les hypothèques générales actuelles sont soumises à ces prescriptions, de sorte qu'elles sont à considérer à l'avenir comme des hypothèques spéciales. Lors de l'inscription d'une hypothèque spéciale, le créancier doit à l'ordinaire produire son titre constitutif du droit de préférence, où est indiqué le montant de sa créance, ce qui n'est guère possible lors de l'inscription d'une hypothèque légale. Aussi l'alinéa 2 du § 17 n'exige-t il dans ce cas, que l'indication de la nature de la créance.

§ **19**. Le § 19 contient une clause générale, qui abroge toutes les dispositions contraires au projet de loi; il prévoit, en outre, la suppression d'autres dispositions légales, entre autres de celles qui règlent la procédure de purge. La Commission ne peut qu'approuver cette suppression, en tant qu'il s'agit de la purge des hypothèques légales, qui devient sans objet du moment que ces hypothèques sont soumises au principe de la spécialité. Les motifs invoqués par le gouvernement pour la suppression de la purge ordinaire, ne paraissent pas cependant assez pertinents, pour décider la Commission à y donner son adhésion. Par la procédure de purge, il est loisible au tiers acquéreur d'affranchir l'immeuble acquis de toutes les hypothèques, en offrant aux créanciers inscrits selon leur rang hypothécaire le paiement du prix de vente. Les créanciers ont à accepter les offres, ou à provoquer une surenchère d'un dixième.

Ce droit du tiers acquéreur doit, dit-on, porter atteinte aux droits des créanciers hypothécaires, en ce qu'ils ont d'abord à se prononcer dans le délai légal, s'ils entendent se soumettre aux désagréables formalités de la surenchère et à fournir une caution, et cela à une époque où ils ne sont peut-être pas en mesure de remplir ces conditions, qu'ils peuvent ensuite être tenus à accepter de suite le remboursement de leur capital, ou des paiements partiels, peut-être contrairement aux clauses du contrat, qu'enfin il devient loisible au débiteur d'exercer une influence défavorable sur le prix de vente, du moment qu'il se réserve des droits d'usage ou d'habitation.

D'après votre Commission, tous les inconvénients signalés ne peuvent pas motiver la suppression de la purge, surtout si l'on considère qu'un immeuble grevé de plus d'hypothèques que sa valeur, serait mis en dehors du commerce, s'il n'était pas possible de l'en affranchir autrement que par la voie de l'exécution forcée. L'acquéreur qui paierait son prix aux créanciers hypothécaires d'après l'ordre de leurs inscriptions, resterait soumis à l'action des créanciers postérieurs en rang, qui ne seraient pas venus en ordre utile. La procédure de purge paraît ainsi indispensable; elle serait cependant, de l'avis de plusieurs membres de la Commission, susceptible de simplification dans ce sens, qu'avant de procéder à l'adjudication publique d'un immeuble grevé d'hypothèques, les créanciers inscrits pourraient être informés du jour et de l'heure de la vente, pour leur permettre de faire valoir leurs droits au moment de l'adjudication; on éviterait ainsi la formalité de la notification ultérieure du contrat. Dans les autres cas de mutation, les créanciers inscrits auraient la faculté de demander une adjudication publique pour la sauvegarde de leurs intérêts.

Par l'abrogation du n° 4 de l'article 2180 du Code civil et des alinéas 2 et 3, le projet vise la suppression de la prescription de l'hypothèque. D'après le Code civil, cette prescription a lieu : pour le débiteur, s'il est en possession de l'immeuble grevé, par la prescription de la dette; pour le tiers acquéreur, par l'extinction de la dette et, en outre, par la possession de dix ans ou de vingt ans, à partir du jour de la transcription, s'il y a juste titre et bonne foi, et dans les autres cas par la possession trentenaire. Pour la prescription décennale de l'hypothèque, le tiers acquéreur doit avoir agi de bonne foi et avec la conviction que l'immeuble était franc d'hypothèque; s'il a eu connaissance de la charge, il a accepté tacitement l'hypothèque et ne saurait prescrire contre son titre.

Le projet de loi propose de faire disparaître toutes ces différences dans la prescription des droits réels et de ne soumettre l'hypothèque comme droit accessoire, qu'à la prescription de la dette elle-même.

Les droits de préférence que mentionne le n° 1 du § 19 ne se concilient pas avec la foi publique attachée aux livres fonciers; ils doivent ainsi disparaître: surtout le privilège de l'architecte ou de l'entrepreneur.

CINQUIÈME SECTION.

Dispositions transitoires (§§ 20-27).

C'est par les dispositions transitoires de la cinquième section que le projet de loi tend surtout à éclaircir dans la mesure du possible, la situation actuelle de la propriété foncière et à faciliter plus tard l'introduction des livres fonciers. Pour éviter de donner un effet rétroactif au projet, la loi maintient les actions résolutoires, mais les soumet à l'inscription dans le délai d'un an après l'entrée en vigueur du projet de loi; elle maintient également les hypothèques et les privilèges, en tant qu'ils sont conformes aux prescriptions du § 17, c'est-à-dire s'ils sont incrits pour une somme déterminée et sur des immeubles spécialement désignés, sinon ils doivent être inscrits dans l'année en conformité des prescriptions du § 17 précité.

Le délai de 2 mois prévu par le § 22 pour l'inscription du privilège du vendeur et du prêteur de fonds est à modifier, du moment qu'on prévoit au § 5 un délai de 45 jours.

Le principe de la spécialité est également étendu aux hypothèques judiciaires. Les commandements de payer déclarés exécutoires et inscrits conserveront leur valeur et serviront comme titre à l'hypothèque, pourvu que les inscriptions soient conformes au § 17; mais elles ne produiront plus un droit hypothécaire, du jour de la promulgation de la loi.

D'après le gouvernement, ces différentes dispositions ne manqueront pas de produire un effet salutaire et permettront à l'agriculture de disposer d'un grand nombre d'immeubles, qui se trouvaient placés jusqu'ici en dehors des transactions. Il semble inévitable, que ces masses d'inscriptions et de changements dans les inscriptions n'occasionnent des frais assez considérables aux débiteurs; cet inconvénient peut disparaître, si, comme le propose le gouvernement, toutes ces formalités se remplissent sans frais.

IV.

Observations finales sur les deux projets de loi.

Le rapport contient, dans les détails qu'il donne ci-dessus, une image aussi fidèle que possible de la discussion approfondie des projets de loi, à laquelle s'est d'abord livrée votre Commission. Lors de la seconde lecture des projets, le gouvernement soumit à la Commission les différents points de vue, auxquels il se plaçait pour la solution des objections qu'on avait soulevées; ces communications ont amené de nouveaux et longs débats et ont donné lieu aux observations suivantes :

A. Sur le projet de loi concernant les livres fonciers.

Le gouvernement est tout disposé à accéder aux vœux de la Commission de n'introduire que *les feuilles personnelles* et de ne prévoir qu'*un livre foncier* pour *chaque commune ;* ce livre foncier aurait à contenir tous les immeubles situés dans la banlieue et l'on se réserverait de donner un numéro spécial à chaque volume.

La Commission se joignit elle-même au vœu de l'un de ses membres, de chercher à obtenir une concordance complète entre le cadastre et les livres fonciers, de telle sorte que les livres fonciers puissent tenir lieu de cadastre et que les deux services soient réunis à l'avenir sous *une seule et même administration*. Le gouvernement a déclaré, de son côté, qu'il visait vers le même but, c'est-à-dire la concordance constante entre le cadastre et les livres fonciers.

Sur la question, jusqu'à quel point les immeubles *des personnes juridiques* étaient à soumettre à la nécessité de l'inscription, il s'est de nouveau produit la différence d'opinions signalée au § 3.

Quant à *la publicité* des livres fonciers, le gouvernement se montre d'accord en principe avec la Commission, en ce que les personnes inscrites et leurs mandataires doivent pouvoir prendre communication des livres sans frais, tandis que les tiers auraient à payer une rétribution.

Du moment que la Commission pense qu'il y a lieu de restreindre *la responsabilité* du juge foncier, le gouvernement n'y trouve aucun inconvénient.

La question si grave, qui joue un si grand rôle dans l'organisation des livres fonciers, celle de soumettre *tous les actes de mutation immobilière à la nécessité de l'intervention du notaire*, a de nouveau fait l'objet d'un examen très approfondi, qui a amené quelques membres à avoir des doutes sur l'opportunité de la mesure, à raison des inconvénients partiels qu'elle pourrait entraîner, tandis qu'une forte majorité des membres de la Commission s'est prononcée pour l'affirmative, sous réserve cependant d'une réduction dans le tarif notarial. La majorité s'est principalement laissée guider par les avantages déjà signalés plus haut et par la considération, que cette mesure facilitera énormément l'introduction des livres fonciers, en permettant de modifier une série de dispositions, qui auraient pu paraître contraires aux habitudes du pays.

Le gouvernement pense avoir d'autant moins de raison de s'opposer à la mesure proposée, qu'elle s'accorde avec l'autre proposition, de soumettre à la forme authentique notariée les titres de créances contenant des affectations hypothécaires et que cette formalité donne une base solide et sûre à la lettre hypothécaire, que l'on peut considérer comme une conséquence nécessaire de l'inscription. Du moment que l'on soumet à l'authenticité la constitution d'une hypothèque, il en découle déjà que la plupart des ventes et des partages

seront également soumis à cette formalité, si le privilège
qui en résulte doit être changé en un droit hypothécaire.
Le gouvernement part enfin de l'idée, que les rapports
intimes qui existent entre les différentes dispositions du
projet de loi, amèneront les parties intéressées à se servir,
dans la plupart des cas, du ministère du notaire.

Du moment que tous les actes de mutation devront être
passés devant notaire, il deviendra inutile de prescrire le
dépôt aux bureaux fonciers des actes servant de base à la
mutation. La dessaisine pourrait elle-même être requise
dans tous les cas par le notaire, qui aurait la faculté de transmettre la requête par écrit aux bureaux fonciers.

Quant à la suppression de la *prescription* ou de l'extinction d'un droit inscrit par le non-usage, qui doit avoir lieu,
d'après la Commission, non d'une manière générale comme
le prévoit le projet de loi (§§ 35, 43, 68), mais seulement à
l'encontre des tiers, le gouvernement s'en tient aux principes
inscrits au projet, mais convient qu'une modification dans
le sens proposé ne serait pas contraire à l'économie des livres
terriers.

Au sujet des *actions résolutoires* ou *révocatoires* pour
inexécution des conditions de la part de l'acquéreur, le gouvernement s'est rallié à l'idée qui avait surgi, de distinguer,
à titre de compromis, entre les droits résultant de la loi
et ceux résultant de la convention des parties. Le droit légal
pourrait être soumis aux dispositions sur les restrictions au
droit de propriété (§ 40), le droit conventionnel aux prescriptions sur les restrictions résultant d'un contrat ou d'une
disposition de dernière volonté (§ 41). Il en résulterait que
le droit légal de résolution ne pourrait être prénoté, qu'autant que les conditions d'une demande en résolution seraient
données et que le juge compétent aurait ordonné, par mesure
provisoire, l'inscription de la prénotation. Le droit conventionnel, au contraire, pourrait faire l'objet d'une inscription
immédiate. Dans l'un et l'autre cas, l'inscription aurait à indiquer la portée des prétentions de la partie intéressée.

Trois opinions se sont fait jour à cet égard au sein de la
Commission, la première a accepté la distinction dont il vient
d'être question, la seconde demanda la suppression pure et
simple des actions résolutoires, la troisième se prononça

pour le maintien du droit, en le subordonnant à l'inscription du privilège ou de l'hypothèque (§ 60). C'est à cette opinion que s'est ralliée la majorité de la Commission.

Les commissaires du gouvernement se sont déclarés disposés à accepter, relativement à l'*affectation hypothécaire*, le principe que l'acquéreur doit être autorisé à consentir une hypothèque, même déjà dans l'acte de vente.

Au sujet du principe (§ 62) que l'affectation hypothécaire d'un immeuble s'étend à ses *accroissements*, du moment qu'ils sont mentionnés au cadastre et aux livres fonciers, plusieurs membres de la Commission désirent que *l'extension* donnée au gage ne fasse l'objet d'une inscription, que sur la demande formelle du propriétaire.

Les dispositions des alinéas 2 et 3 du § 76, qui ne laissent au créancier, en cas *de substitution* d'un nouveau débiteur, que le choix ou de dénoncer l'hypothèque ou de délier le vendeur de ses engagements personnels, ont de nouveau été vivement critiquées par la Commission, ce qui donnera l'occasion au gouvernement d'étudier spécialement la question.

Il en est de même du système de *la cession du droit hypothécaire* par la remise de la lettre hypothécaire ; cette disposition paraît être susceptible d'une modification dans l'intérêt du propriétaire grevé de la charge, surtout dans les cas d'un paiement partiel ou d'offres réelles. En dehors des prescriptions spéciales à ce sujet, on pourrait soumettre la cession à la nécessité de l'inscription aux livres fonciers, ce qui obvierait à d'autres inconvénients indiqués par la pratique, surtout en cas de saisie d'une créance hypothécaire. Il paraît désirable de prescrire dans tous les cas *la notification* régulière de la cession au propriétaire inscrit.

L'hypothèque du propriétaire a de nouveau formé l'objet d'une discussion approfondie et n'a pas trouvé de défenseur au sein de la Commission.

B. Sur le projet de loi transitoire.

La diversité des opinions qui s'était produite au sujet de *l'action résolutoire* du vendeur, lors de la discussion du premier projet de loi, a continué lors de l'examen de la loi transitoire (§ 1).

Pour *les actions en annulation d'une mutation immo-bilière* (§§ 2, 3), le gouvernement n'hésite pas à changer la rédaction des dispositions du projet, pour qu'il soit mis hors de doute, que le § 2 n'a en vue que les demandes en nullité ou en rescision (art. 1304 Code civil) et que le § 3 ne se rapporte qu'au droit de révocation, qui appartient au dona-teur de plein droit et en vertu des dispositions des arti-cles 960 et 1096 Code civil.

Le gouvernement se rallia éventuellement à la proposition de prolonger les délais d'inscription du privilège à 45 jours pour le vendeur (prêteur), à 60 jours pour le copartageant et à 3 mois pour les créanciers de la succession et les léga-taires. Pour plusieurs membres de la Commission, ce der-nier délai de 3 mois paraissait encore trop court; aussi ont-ils proposé de maintenir les délais prévus par l'article 2111 Code civil (la même observation se rapporte au § 103 du projet de loi concernant les livres fonciers).

Par rapport à l'hypothèque judiciaire, une partie des membres de la Commission se montre disposée à la suppri-mer complètement, l'autre partie en désire le maintien avec les restrictions suivantes:

L'hypothèque judiciaire doit: 1° être restreinte aux im-meubles présents, c'est-à-dire à ceux que possède le débi-teur lors du jugement; 2° n'avoir pour objet que des immeu-bles déterminés sur lesquels se prend l'inscription; 3° être attachée ni aux commandements de payer déclarés exécu-toires, ni à des condamnations au paiement de petites sommes, par exemple au-dessous de cent mark. Les partisans de l'hypothèque judiciaire désirent enfin l'introduction d'une procédure simple et peu coûteuse, qui mettrait le débiteur à même de faire réduire l'inscription du créancier, dans la mesure de la garantie qui lui est nécessaire.

En ce qui concerne *l'hypothèque du mineur*, on pourrait, pour faire disparaître les doutes au sujet de l'étendue de la garantie fournie au mineur par le projet de loi, compléter les dispositions du projet, en imposant au conseil de famille de veiller aux intérêts du mineur en ce qui concerne l'ins-cription de son hypothèque, surtout lors de la nomination d'un tuteur ou d'un subrogé tuteur, lors de la délibération sur l'acceptation d'une succession, d'un legs ou d'une dona-

tion et en général à chaque occasion qui se présenterait,
sans avoir égard à l'importance de la fortune du mineur ; il
ne pourrait dès lors être fait abstraction de l'inscription
qu'exceptionnellement, en en indiquant les motifs, et seulement dans les cas où les circonstances exclueraient toute
crainte de danger pour le mineur. On pourrait, en outre,
imposer au notaire qui obtiendrait connaissance lors d'un
inventaire ou de tout autre acte, que des valeurs sont échues
au mineur, d'en informer le juge cantonal compétent ; on
pourrait soumettre à la même obligation le subrogé tuteur
et donner au conseil de famille la faculté d'imposer au tuteur,
celle de remettre au juge cantonal tous les ans ou dans des
intervalles plus longs, un état détaillé de la situation de la
fortune du mineur.

La Commission a cru devoir reconnaître que, grâce à ces
sages mesures de précautions, le mineur paraissait complètement garanti, sauf plus ample examen des questions de
détail. La Commission a, en outre, exprimé l'avis qu'il
semblait opportun de soumettre l'hypothèque du mineur
aux strictes conséquences de la publicité et de la spécialité.
En complétant le projet de loi dans ce sens, que le greffier
du tribunal cantonal devait être chargé, sous peine d'amende,
de soigner l'inscription de cette hypothèque, le gouvernement n'a fait qu'accéder à un vœu que la Commission avait
exprimé précédemment.

D'après le gouvernement, il serait de même possible de
renforcer les garanties de la femme relativement à son
hypothèque légale, en imposant au notaire, qui obtiendrait
connaissance lors d'un inventaire ou d'un autre acte, que la
femme avait des reprises à faire valoir contre son mari, l'obligation d'avertir cette dernière qu'elle avait à prendre une
inscription et de requérir lui-même, le cas échéant, l'inscription auprès du juge cantonal. Rien ne s'oppose du reste
à ce qu'on confie au greffier du tribunal cantonal, à peine de
poursuites disciplinaires, le soin d'inscrire toutes les hypothèques résultant de décisions du juge.

Les commissaires du gouvernement ont ajouté, que si tous
les actes de mutation étaient passés devant notaire, c'est
devant cet officier ministériel que se produiraient tous les
droits de reprises de la femme mariée, ce qui le mettrait à

même d'exercer sa juste influence pour la conservation des droits de la femme.

On a été d'accord, au sein de la Commission, que l'état actuel n'était satisfaisant à aucun point de vue, et qu'il semblait nécessaire d'appliquer également à l'hypothèque de la femme les strictes principes de la publicité et de la spécialité.

Quelques membres ont cependant eu des doutes sur l'efficacité des mesures prévues par le projet de loi, pour garantir la femme mariée ; ils craignent que la femme ne charge pas souvent le notaire de demander l'inscription de son hypothèque. On a exprimé le désir, à ce sujet, de soumettre cette hypothèque à l'inscription d'office au moment du mariage, puisque la femme paraissait à ce moment-là bien peu disposée à désirer une pareille inscription.

D'autres membres ne partagent pas cette appréhension ; ils estiment que l'influence des père et mère et des parents sera presque toujours suffisante, pour amener l'inscription en vertu du contrat de mariage. Ils ajoutent que l'expérience démontre que ce n'est presque jamais la femme, mais bien ses créanciers, qui font valoir l'hypothèque légale de la femme mariée.

La Commission se prononce à l'unanimité pour le maintien de *la procédure de purge.* Le gouvernement, de son côté, met en perspective une étude approfondie des différentes modifications que l'on a proposées pour simplifier la procédure. A cet égard la Commission s'est arrêtée à la proposition suivante :

1º D'attribuer à l'adjudication publique, lors d'une vente volontaire, les mêmes effets qu'à la purge, dans le cas où l'adjudication a été précédée des publications, telles qu'elles sont prescrites par le § 10 de la loi sur l'exécution forcée en matière immobilière.

2º De laisser dans les autres cas au créancier l'alternative ou d'accepter le prix de vente, ou de poursuivre lui-même l'exécution forcée.

L'un des membres n'est pas d'accord avec la première proposition, les ventes par adjudication publique étant souvent suivies de surenchères dans l'intérêt des créanciers hypothécaires.

La Commission n'a pas pu se décider à émettre un vote sur les dispositions contenues dans les deux projets de loi et à vous soumettre des propositions formelles sur les différentes modifications qu'elle désirait et qui ont été longuement développées dans le rapport. Les études auxquelles elle s'est livrée, en présence des commissaires du gouvernement, sont d'une nature trop complexe pour aboutir, dès à présent, à un rejet ou à une acceptation des divers projets de loi. A raison de la difficulté de la matière et de sa grande portée économique, elle vous propose de procéder comme lors de la première discussion du projet de loi sur la révision du cadastre, et de ne pas entrer dans un examen plus approfondi des projets dans la présente session, pour permettre à la Délégation et au pays de les examiner dans tous leurs détails, et de peser mûrement toutes les considérations qui peuvent être d'un poids quelconque dans les discussions ultérieures.

Les commissaires du gouvernement ont déclaré qu'ils n'insistaient pas, de leur côté, sur un vote spécial sur chaque article, et ont ajouté que les observations qui s'étaient produites au sein de la Commission, feraient l'objet d'un examen approfondi et qu'il en serait tenu compte, dans la mesure du possible, dans le remaniement des projets de loi auquel on se proposait de procéder.

Votre Commission vous propose dans cet état de choses, d'accord avec le gouvernement, qu'il plaise à la Délégation : faire abstraction dans la présente session d'un examen plus approfondi et d'un vote sur les deux projets de loi.

Le rapporteur,

G. GUNZERT.

C. Projet de loi concernant la délivrance de certificats judiciaires justificatifs de la qualité d'héritier et la compétence des tribunaux cantonaux.

Rapport de M. le député Gunzert au nom de la Commission spéciale.

Comme l'indique son titre, ce projet de loi règlemente deux matières distinctes. Il traite :

1° Des certificats judiciaires de qualité d'héritier (§§ 1-10, 12-14) ;

2° De la compétence ou plutôt de l'extension de la compétence des tribunaux cantonaux (§ 11).

La connexité de ces deux matières consiste en ce que le projet confère la délivrance de certificats de qualité d'héritier aux tribunaux cantonaux et contient en même temps des dispositions d'une utilité pratique, qui étendent la compétence de la juridiction cantonale, à une série de cas, qui se trouvent dans un rapport plus ou moins intime avec la détermination de la qualité d'héritier ou de successeur.

Quant à la première partie du projet, elle est le complément nécessaire de la loi sur les livres fonciers, en ce sens que celle-ci dispose que les héritiers d'un propriétaire de bien-fonds ou d'un créancier hypothécaire ne peuvent obtenir l'inscription de leur droit de propriété aux livres fonciers ou le transfert de l'hypothèque en leur nom, qu'en vertu d'un certificat de qualité d'héritier (§§ 27, 84, 87 ; voyez aussi §§ 29, 30 du projet de loi sur les livres fonciers).

Le but principal du présent projet de loi consiste dès lors à fixer la compétence et la procédure en matière de délivrance de pareils certificats. Si le projet voulait se borner strictement à la tâche que s'est imposée la loi sur les livres fonciers, il n'entrerait en vigueur, ainsi que la plupart des dispositions de cette loi, qu'à l'époque fixée par les §§ 122 et 123.

Ce n'est pas là le but que poursuit le projet, qui doit immédiatement entrer en vigueur, puisqu'il réglemente la délivrance et l'emploi de certificats de qualité d'héritier, même en dehors des cas prévus par la loi sur les livres fonciers. Pour répondre à une question posée au sein de la Commission, il y a lieu de faire observer, que l'emploi de certificats de qualité d'héritier n'est indispensable que dans la procédure, devant le bureau foncier, si les héritiers d'un propriétaire inscrit ou d'une partie intéressée veulent prouver leur légitimation ; dans tous les autres cas, à l'exception de celui prévu par le § 10, la légitimation au moyen de certificats de qualité d'héritier est entièrement abandonnée aux parties intéressées.

Les motifs du projet (page 5) démontrent suffisamment le besoin d'obtenir une base légale pour la délivrance des certificats de qualité d'héritier en dehors des cas prévus dans la législation sur les livres fonciers ; il y a encore à ajouter les cas où les certificats de qualité d'héritier sont à considérer comme une institution d'un caractère international, dont l'utilité est incontestable pour les habitants de l'Alsace-Lorraine ; l'expérience démontre en effet qu'il arrive souvent des cas où ceux qui sont obligés de prouver leur qualité d'héritiers en dehors de l'Alsace-Lorraine, doivent se soumettre à la formalité de la délivrance de certificats judiciaires.

Lors de la discussion du § 1, on a soulevé la question de savoir, s'il n'y avait pas lieu de conférer la délivrance de certificats de qualité d'héritiers aux notaires, qui avaient jusqu'à présent constaté la qualité des héritiers dans les inventaires, partages et autres actes notariés.

Les représentants du gouvernement ont fait valoir contre cette proposition les objections suivantes :

La procédure réglée par les §§ 1-4 du projet (c'est-à-dire la procédure concernant la légitimation des héritiers) est de sa nature une procédure de la juridiction gracieuse ; en cette qualité elle est en principe de la compétence des tribunaux et non dans les attributions des notaires, qui, en général, ne prennent part à la juridiction gracieuse, qu'en tant qu'ils sont appelés à rédiger des actes judiciaires.

La délivrance d'un certificat de qualité d'héritier ne peut, du reste, être considérée comme contenant une simple attestation de faits, ce qui ressort surtout dans les questions de successions compliquées. La loi attache, en outre, aux certificats de qualité d'héritier des effets juridiques importants, ce qui résulte du § 5 et des observations qui se rapportent à ce paragraphe, tandis que les actes de notoriété et les attestations délivrées à la suite d'inventaires ou de partages n'ont que la valeur que leur attribuent les parties et que leur confère leur exactitude matérielle. Il ne serait pas possible enfin de désigner à l'avance le notaire compétent, puisqu'il en existe plusieurs dans le ressort d'un tribunal. Or on ne saurait abandonner aux parties le choix du notaire, puisque ces dernières n'étaient pas toujours d'accord et il pourrait arriver que pour la même succession plusieurs notaires eussent délivré des certificats de qualité d'héritier, qui ne concorderaient d'aucune manière. Le tribunal compétent réunit, d'après le § 1, dans un dossier spécial toutes les pièces d'une procédure en délivrance de certificats d'héritier, y compris l'original de ce certificat; il sera ainsi facile de délivrer en tout temps une seconde ou une troisième expédition d'un pareil certificat, tandis que si l'on chargeait les notaires de la délivrance des certificats de qualité d'héritier, les intéressés (par exemple l'héritier de l'héritier) seraient obligés de faire des recherches, pour savoir par quel notaire le certificat aurait été délivré.

Ad § **2.** Pour justifier de son droit à une succession, l'héritier *ab intestat* doit fournir une preuve positive et une preuve négative. La première consiste dans la preuve du fait qu'il est le parent du défunt. C'est le § 2, al. 1, qui indique la manière dont cette preuve doit être fournie; toutes les facilités désirables sont données aux parties, puisqu'on admet la simple notoriété publique et des témoins qui attestent cette notoriété.

Le côté négatif de la preuve imposée à l'héritier se rapporte, d'une part, à la preuve du fait qu'en dehors des héritiers par lui dénommés, il n'en existe pas d'autres à un degré plus proche ou au même degré, d'autre part à la preuve du fait, qu'il n'est pas exclu de la succession par une disposition testamentaire. La loi facilite la preuve de la négative, en ce qu'en général elle n'exige de l'héritier que l'affirmation sacramentelle qu'il n'a aucune connaissance de l'existence soit d'héritiers au même degré ou d'un degré plus proche, soit d'un testament. Sous ce rapport, le projet a pris pour modèle le § 3 de la loi prussienne du 12 mars 1869 ; on avait proposé, lors de la discussion de ce paragraphe dans la Commission et à la Chambre des députés, de laisser une certaine latitude au juge, en lui permettant de faire abstraction, le cas échéant, de l'affirmation de l'héritier. La majorité s'est cependant laissée guider par la considération, que la procédure d'attestation de la qualitié d'héritier se fait en l'absence de la partie adverse, qui est peut-être en mesure de fournir la preuve qu'il existe encore d'autres héritiers ou un testament et qu'il n'est pas possible d'exiger du requérant la preuve d'une négation. Aussi considéra-t-elle l'affirmation sacramentelle comme une formalité essentielle, et admit-elle que le requérant pouvait facilement charger sa conscience d'une pareille affirmation, dans les cas où il n'est pas à prévoir, qu'il existe d'autres héritiers que ceux qn'il indique.

Le § 156 du Code pénal, qui punit d'un emprisonnement d'un mois à trois ans, celui qui sciemment fait une fausse affirmation dans le sens d'un serment, impose à celui qui est appelé à faire une pareille affirmation un examen scrupuleux et indique la grande portée juridique que la loi sur les livres fonciers et le § 5 attachent au certificat de la qualité d'héritier. La faculté concédée dans l'alinéa 2 du § 2, de faire consigner son affirmation dans le procès-verbal du notaire et de demander dans la même forme la délivrance du certificat, ainsi que la prescription du § 14, al. 2, qui dispense l'acte notarié des droits de timbre et d'enregistrement, ont pour conséquence de faciliter aux héritiers l'accomplissement de cette formalité et de leur permettre de terminer devant le notaire de leur choix toutes les opérations du partage, sans avoir besoin de recourir au juge cantonal pour la délivrance du certificat de légitimation. Le notaire est dès lors en mesure de préparer tous les documents nécessaires, d'après le § 2, pour la délivrance du certificat et le juge est à même de le délivrer de suite après la réception des pièces, si du moins la procédure de la sommation publique ne lui paraît pas indispensable (§ 2, al. 4, § 3). Il n'est, du reste, pas nécessaire de recourir dans tous les partages devant notaire à un certificat de légitimation judiciaire; l'accomplissement de cette formalité n'est nécessaire, que s'il se trouve dans la succession des immeubles ou des créances hypothécaires inscrits aux livres fonciers.

Quant à la question soulevée lors de la discussion du § 2 par l'un des membres de la Commission, de savoir si à côté du § 2 restent en vigueur les articles 136 et 137 du Code civil ainsi conçus:

ARTICLE 136.

« S'il s'ouvre une succession à laquelle soit appelé un indi-
« vidu dont l'existence n'est pas reconnue, elle sera dévolue
« exclusivement à ceux avec lesquels il aurait eu le droit de
« concourir, ou à ceux qui l'auraient recueillie à son défaut ».

ARTICLE 137.

« Les dispositions des deux articles précédents auront lieu
« sans préjudice des actions en pétition d'hérédité et d'autres
« droits, lesquels compéteront à l'absent ou à ses représen-
« tants ou ayants-cause, et ne s'éteindront que par le laps de
« temps établi pour la prescription, »

les représentants du gouvernement ont répondu affirmativement, en ajoutant que l'interprétation de la loi prussienne du 12 mars 1869 n'avait jamais donné lieu à un doute à ce sujet. (Comp. Wächter, Commentaire de cette loi, page 27.)

Les représentants du gouvernement ont soumis à la Commission des formules de certificats de qualité d'héritier, tels qu'ils devront être délivrés conformément au § 4, ainsi que des formules d'autres certificats prévus par la loi; ces formules forment l'objet d'une annexe jointe au présent rapport.

Le § **5** traite des effets du certificat de qualité d'héritier et serait superflu, si l'emploi de ces certificats devait être restreint aux cas prévus par la législation sur les livres fonciers, cette dernière contenant à cet effet toutes les dispositions nécessaires. On y prévoit ainsi (§§ 27, 84, 87) que le certificat de qualité d'héritier légitime, aux yeux du bureau foncier l'héritier *ab intestat*, s'il entend disposer d'un bien-fonds et de droits inscrits au nom du défunt. Il résulte, en outre, du principe de la foi publique attachée aux livres fonciers, tel qu'il est exprimé dans différents paragraphes (notamment dans les §§ 38, al. 3; 67, al. 1), que tous ceux qui acquièrent, sous la foi de l'exactitude des livres, des droits quelconques de celui qui y est inscrit en vertu d'un certificat de qualité d'héritier, sont garantis contre les prétentions soit du véritable héritier, soit des tiers qui ont acquis des droits de ce dernier.

Si le certificat de qualité d'héritier doit être d'une utilité réelle en dehors des cas prévus par la loi sur les livres fonciers, il devient indispensable de lui attribuer, dans le sens du § 5 et des observations contenues dans les motifs de la loi, des effets analogues à ceux qui lui sont attribués dans le système des livres fonciers, c'est-à-dire que le certificat de qualité d'héritier ne saurait, par exemple, être assimilé, quant à ses effets, à un jugement, qui assure à l'héritier sa qualité et qui du moment qu'il a acquis l'autorité de la chose jugée, produit ses effets entre les parties, quand même il est matériellement inexact. Les effets du certificat d'héritier ne doivent consister que, dans la garantie contre les prétentions du véritable héritier, qu'il fournit à ceux qui se sont fiés à son exactitude et ont traité avec celui qui y est désigné comme héritier, et surtout à ceux qui ont acquitté entre ses mains des créances de la succession; quant aux droits du véritable héritier à l'encontre d'un héritier apparent, qui n'a été mis en possession que sur la foi d'un certificat inexact, ils restent complètement intacts.

Qu'il nous soit permis à ce sujet de citer les termes dans lesquels M. le Dr Bæhr caractérisa dans le temps la loi sur les certificats de qualité d'héritier, dans son rapport à la Chambre des députés prussienne :

« Le présent projet de loi rentre dans la catégorie des lois
« qui suivent le courant général des temps modernes, en
« créant des formes dans lesquelles les transactions se meu-
« vent librement et sûrement et qui écartent les dangers
« dont jusqu'à présent l'incertitude de la législation mena-
« çait les transactions. Sous ce rapport le projet marche de
« front avec le projet de loi concernant la transmission de la
« propriété, qui nous a été soumis en même temps. La dis-
« position du dernier projet qui est ainsi conçue: « Celui qui
« est inscrit comme propriétaire est à considérer comme tel,
« en tant qu'il transfère à des tiers des droits à la propriété »,
correspond à la disposition suivante du premier projet :
« Celui qui a obtenu un certificat de qualité d'héritier est
« considéré comme héritier, en tant qu'il dispose de la suc-
« cession en tout ou en partie ». « C'est là le principe fonda-
« mental de toute la loi. Il est vrai que cette faveur dans les
« transactions ne s'acquiert qu'avec un certain danger pour
« le véritable héritier, qui peut perdre ses droits dans le
« cas où le certificat de qualité d'héritier est délivré à tort à
« une personne qui n'est pas héritière », etc.

Le danger dont il vient d'être question n'est cependant
pas très sérieux, ce qui résulte des débats qui ont eu lieu à
la Chambre prussienne, où l'on a constaté qu'il n'arrivait
que très rarement que des certificats de qualité d'héritier
fussent délivrés à des personnes non héritières.

§ **6**. Ce paragraphe a été copié sur le § 7 de la loi prussienne.

Cette disposition était surtout nécessaire en Prusse à raison de la diversité de la législation civile dans cet État; elle
n'a été introduite dans le projet de loi, que pour éviter toute
fausse interprétation pouvant résulter de sa non-admission.
Elle contient, du reste, un principe qui n'aurait pas besoin
d'être inscrit dans la loi, puisqu'il va de soi que le projet ne
touche en rien aux dispositions légales du pays, qui règlent
la validité des actes d'un héritier apparent, qui ne s'est pas
fait délivrer de certificat d'héritier. Les fausses appréciations
qui peuvent surgir à ce sujet et qui se sont également produites au sein de la Commission, justifient dès lors l'insertion du § 6 dans le projet de loi. Il n'est pas inutile de

répéter de nouveau, à ce sujet, ce qui a déjà été expliqué plus haut, que la légitimation au moyen d'un certificat de la qualité d'héritier n'est nécessaire aux parties que pour les inscriptions à faire aux livres fonciers. Le projet de loi ne règle pas dès lors les transactions qui peuvent se faire avec l'héritier véritable ou un héritier apparent non pourvu d'une pareille légitimation et chacun peut acheter de cet héritier des valeurs mobilières, ou payer entre ses mains des créances de la succession, même dans les cas où les héritiers ne seraient pas munis d'un certificat judiciaire.

§§ **7, 8, 9.** Ces paragraphes sont suffisamment expliqués dans les motifs du projet et par les exemples qui sont cités dans l'annexe.

§ **10.** Un des membres de la Commission posa la question de savoir, si ce paragraphe défendait aux notaires la délivrance des certificats de propriété. A cette question, les représentants du gouvernement répondirent négativement. Le § 10 ne poursuit, en effet, d'autre but que de remplacer les certificats de propriété exigés des héritiers *ab intestat* (et des autres ayants-cause mentionnés dans la présente loi), par des certificats de qualité d'héritier tels qu'ils sont prévus par la présente loi dans les trois cas suivants :

1° En cas de retrait de fonds versés aux caisses d'épargne par le défunt (art. 3, loi du 7 mai 1853); 2° en cas de remboursement du cautionnement, que le défunt a fourni comme fonctionnaire (§ 13, loi du 15 octobre 1873, Bulletin des lois, p. 273); 3° en cas de transfert de rentes inscrites au nom du défunt (§ 9 de la loi du 24 mars 1881, Bulletin des lois, p. 15).

On arrivera ainsi à une législation conforme à celle qui existe en Prusse, depuis la loi du 12 mai 1869 sur les certificats de qualité d'héritier. Le § 12 de la loi prussienne sur les cautionnements du 25 mars 1873 (comp. le § 13 de la loi de l'Empire du 2 juin 1869, Bulletin des lois pour l'Alsace-Lorraine, 1871, p. 386) ne contient pas l'alinéa 2 du § 13 de la loi alsacienne-lorraine du 15 octobre 1873, cette disposition n'étant pas nécessaire, puisque la légitimation pour la réception du cautionnement résulte du testament pour les héritiers testamentaires, du certificat de qualité d'héritier pour les héritiers *ab intestat,* et du certificat de sa qualité d'héritier s'il n'existe qu'un héritier, conjointement soit avec l'acte de partage ou de cession, soit avec la procuration des autres cohéritiers.

Le § 10 n'a d'autre but que d'introduire la même législation en Alsace-Lorraine. Le projet ne défend pas ainsi la délivrance de certificats de propriété aux héritiers *ab intestat;* mais ces certificats ne pourront plus avoir d'importance dans le pays même, ils ne pourront plus être d'une utilité réelle qu'à l'étranger (par ex., pour le transfert de rentes françaises).

Il résulte des observations qui précèdent, que le cohéritier qui voudrait se légitimer, par exemple, auprès de la caisse d'épargne, serait obligé de produire en dehors du certificat de qualité d'héritier, relatant les noms de tous les héritiers, le titre par lequel les autres héritiers l'auraient autorisé à disposer seul des fonds déposés à la caisse d'épargne. Le cas échéant ces titres peuvent être très volumineux, de sorte qu'il semble utile de maintenir facultativement les certificats de propriété. Les représentants du gouvernement se montrèrent tout disposés à accéder à ce vœu exprimé au sein de la Commission. Les trois lois précitées prescrivant la production de certificats de propriété (« les héritiers auront à produire », « sont tenus »), le § 10 serait à modifier dans le sens suivant :

Que les certificats de propriété exigés par des lois spéciales ne seraient pas nécessaires, du moment que la preuve de la propriété résulterait de certificats délivrés conformément à la présente loi; il faudrait, en outre, prescrire : que dorénavant les tribunaux cantonaux n'auraient plus à délivrer des certificats de propriété.

La délivrance de ces derniers certificats resterait ainsi réservée aux notaires. On s'en remet à la prudence du notaire pour la question de savoir, s'il ne veut délivrer le certificat de propriété, que sur le vu d'un certificat judiciaire de qualité d'héritier, ou bien s'il entend le délivrer même en l'absence d'un pareil certificat. Il est évident que les certificats de propriété ne produiront pas les effets prévus par le § 5; cette conséquence résulte des dispositions du § 6.

§ **11.** L'extension de la compétence des tribunaux cantonaux que contient le § 11, a été pleinement approuvée par la Commission, qui s'est, en outre, posé la question s'il ne fallait pas conférer également à ces tribunaux les affaires suivantes :

La nomination d'un notaire pour la représentation des absents, dans le cas prévu par l'article 113 du Code civil.

L'autorisation de consentir une aliénation à l'amiable, dans les cas prévus par l'article 13, al. 1, 2, 3 de la loi sur l'expropriation pour cause d'utilité publique du 3 mai 1841.

L'homologation des ventes d'immeubles dans les cas prévus par les articles 12 et 13 de la loi du 1er décembre 1873 (Bulletin des lois, page 310).

Les représentants du gouvernement furent d'avis, que rien ne s'opposait en principe à une pareille extension de la compétence des tribunaux cantonaux et que cette question ferait l'objet d'un examen plus approfondi.

Il ne s'est produit aucune observation sur les §§ 12 et 13.

§ 14. L'alinéa 1 a donné lieu aux observations suivantes : le projet de loi considère la procédure concernant la légitimation des héritiers comme faisant partie de la juridiction gracieuse ; elle se termine par une décision du juge, qui rejette la demande ou délivre le certificat. Il en résulte que les §§ 1 et 6 de la loi d'exécution sur les frais judiciaires du 3 avril 1880 (Bulletin des lois, page 58) devraient recevoir leur application pour la fixation des frais judiciaires. Toute la procédure serait ainsi exempte des droits d'enregistrement et de timbre et il serait perçu, en dehors des déboursés, par exemple, pour la délivrance du certificat de qualité d'héritier :

Quand il s'agit d'un objet de la valeur de :

1 —	20	0,40	ℳ
21 —	60	0,96	»
61 —	120	1,84	»
201 —	300	4,40	»
901 —	1,200	12,80	»
1,201 —	10,000	36,00	»
10,001 —	12,000	40,00	»
au delà.		40,00	»

Le projet réduit néanmoins, par analogie avec les cas

prévus par le § 10 de la loi précitée, les droits pour les certificats de qualité d'héritier à la moitié des droits indiqués ci-dessus, de sorte qu'il serait perçu au minimum 20 pfennigs et au maximum 20 ℳ

Quelques membres de la Commission ont fait la remarque qu'il serait peut-être plus pratique de percevoir un droit fixe pour chaque certificat de qualité d'héritier, ou bien de restreindre les classes à un nombre très limité.

Les représentants du gouvernement répliquèrent, que le projet ne faisait que suivre le système de la loi sur les frais judiciaires et de la loi d'exécution, que dans le cas spécial l'on pouvait d'autant moins s'en écarter, puisque d'une part ce système s'appliquait aux droits dus pour l'envoi en possession des successeurs irréguliers, et que d'autre part le projet assimilait cet envoi en possession aux certificats de qualité d'héritier, tant sous le rapport formel que sous le rapport matériel (§§ 11, 12, 13).

On souleva, en outre, l'objection que par la perception de ces droits vis-à-vis des héritiers d'un propriétaire de biens-fonds, on augmentait les frais perçus d'après la législation actuelle. A cette objection il fut répondu par le gouvernement, que le tarif était excessivement bas, mais que l'on étudierait la question de savoir, si dans les cas où les héritiers sont nécessairement tenus à se faire délivrer un certificat de qualité d'héritier, c'est-à-dire s'il se trouve dans la succession un bien-fonds ou un droit réel inscrit au livre foncier, il n'y avait pas lieu, ou bien de renoncer à ces droits, ou bien de les imputer sur les droits d'inscription au livre foncier.

Après avoir soumis le projet de loi à une seconde discussion, la Commission émit également l'avis, comme pour les projets de loi concernant l'introduction des livres fonciers, qu'il n'y avait pas lieu de le soumettre à un vote dans la présente session.

Plusieurs membres soulevèrent, il est vrai, la question de savoir, s'il ne paraissait pas opportun d'élaborer une loi spéciale avec les dispositions finales du projet, qui se rapportent à la compétence des tribunaux cantonaux, puisqu'une pareille loi amènerait une réduction considérable dans les frais, notamment dans les cas de dépôt de testaments. Les représentants du gouvernement n'adhérèrent pas à cette proposition, cette partie du projet de loi demandant également à être examinée d'une manière spéciale, surtout en ce qui concernait l'extension de la compétence des tribunaux cantonaux aux trois autres cas indiqués ci-dessus; il faudrait en outre modifier la procédure, surtout celle de l'instance en recours, dans le cas où l'on s'en tiendrait à l'introduction d'une partie seulement du projet de loi.

Le rapporteur,

G. GUNZERT.

ANNEXES.

***

Formules pour les §§ 4, 7, 8, 9.

Certificat de qualité d'héritier.

§ **4**. Il est certifié par la présente que le maître tailleur Charles Kathe, à Strasbourg, décédé le premier mai 1884, époux de Mathilde Geyer, a laissé comme seule héritière sa fille légitime Catherine Kathe, née le 12 août 1836, épouse du menuisier Edouard Simon à Saverne (Alsace).

Strasbourg, le 10 mai 1884.

L. S.

Le Tribunal impérial cantonal.

***

Certificat de qualité d'héritier.

Il est certifié par la présente :

I. Que le laboureur Gaspard Steigel, décédé à Steinbourg le 3 avril 1874, sans avoir fait de disposition testamentaire, a laissé comme seuls héritiers légitimes ses trois enfants légitimes :

1º Charles-Geoffroi Steigel, né le 7 janvier 1836 ;
2º Auguste Steigel, né le 6 février 1837 ;
3º Elisabeth Steigel, née le 7 mars 1838 ;

demeurant tous à Steinbourg, ainsi que le fils de sa fille Catherine, prédécédée, épouse de Charles Wenzel, serrurier à Monswiller, et s'appelant Théodore Wenzel, né le 10 avril 1873 ;

II. Que la célibataire Élisabeth Steigel susnommée est décédée le 20 mai 1875, en laissant pour héritiers légitimes sa mère, la veuve Berthe Steigel, née Meyer, à Steinburg, ses frères Charles-Geoffroi et Auguste Steigel prénommés ainsi que Théodore Wenzel, le fils de sa sœur prénommé,

III. Que Théodore Wenzel est également décédé le 6 janvier 1876, et que son père Charles Wenzel ainsi que son frère Michel Wenzel, né le 1ᵉʳ janvier 1876, lui ont succédé en qualité d'héritiers légitimes.

Saverne, le   , etc...

Certificat de qualité d'héritier.

§ **4**, al. 2. Il est certifié par la présente, que le commerçant Maurice Ebener est décédé à Metz le 4 mai 1869, qu'il a laissé un testament olographe daté du 6 avril 1869 et déposé entre les mains du notaire Landesherr à Metz, suivant une ordonnance du président du tribunal en date du 5 mai 1869, et que ses seuls héritiers légitimes sont ses fils légitimes :

Aloïse Ebener, né le 3 août 1857,
Amand Ebener, né le 10 décembre 1859,

domiciliés à Metz. Son épouse Henriette, née Mitanchez, domiciliée à Metz, lui a survécu.

Metz, le   , etc...

Certificat.

§ **7.** Il est certifié par la présente, que Carlo Giovannini, marchand à Gênes, est autorisé à disposer de la caution de 3000 ℳ que son frère Borromeo Giovannini de Gênes, marchand de figures en plâtre, décédé à Strasbourg le 6 juin 1883, a déposée à la Société anonyme du Crédit foncier et communal à Strasbourg à la date du 10 mai 1883.

Strasbourg, le   , etc...

Certificat.

§ **8.** Il est certifié par la présente, que les sieurs Ferdinand Schulze, négociant à Mulhouse, et Charles Schulze, menuisier en la même ville, ont fourni la preuve qu'ils sont les enfants de Marguerite Schulze à Mulhouse, auxquels le rentier Charles Stange à Sarrebourg a légué la maison n⁰ 10 de la rue du Poisson par son testament olographe du 10 juin 1882, déposé entre les mains du notaire Menzel à Sarrebourg.

Sarrebourg, le   , etc...

Certificat.

§ **9.** Il est certifié par la présente, que le brasseur Edmond Schuettenberg, décédé à Schiltigheim le 10 octobre 1883, qui a fait un testament par-devant le notaire Dietrich à Schiltigheim à la date du 11 août 1864, n'a pas laissé d'héritiers à réserve.

Schiltigheim, le   , etc...

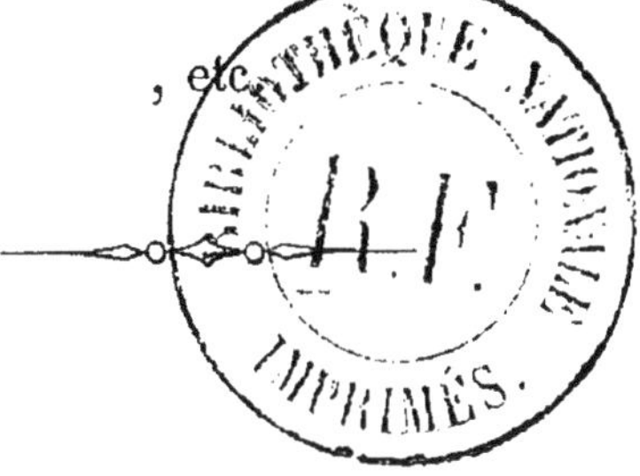

Publications de la librairie K. J. TRÜBNER à Strasbourg.

Begründung der Gesetzentwürfe betreffend die Einführung des Grundbuchsystems in Elsaß-Lothringen. — Motifs des projets de lois concernant l'introduction du système des livres fonciers en Alsace Lorraine. 8⁰. 421 S. 1885. M. 6.—

Das Elsaß-Lothringische Baurecht, enthaltend eine systematische Darstellung der auf Bauten bezügl. Vorschriften des öffentlichen und Privatrechts, sowie eine Zusammenstellung der zugehörigen Gesetze und Verordnungen in deutscher Uebersetzung. Herausgegeben von **R. Förtsch,** Kammerpräsident in Metz, und **M. Caspar,** Abtheilungsbaumeister in Straßburg. 8⁰. XII. 394 S. (früherer Preis M. 8) herabgesetzt auf M. 5.—
Aus dem Verlag von J. Aßmann (M. von Wilmowski) hier in den meinigen übergegangen.

Die Zölle und indirekten Steuern in Elsaß-Lothringen (ausschließlich des Enregistrements und Stempels). Systematische Zusammenstellung der einschlägigen Gesetze, Verordnungen, Regulative, Bundesrathsbeschlüsse und Erlasse, im Auftrage des Oberpräsidenten herausgegeben von **L. Leydhecker,** kaiserl. Regierungsrath. 2 Bde. 8⁰. 1877. M. 10.—

Löning, Edgar. Die Verwaltung des General-Gouvernements im Elsaß. Ein Beitrag zur Geschichte des Völkerrechts. 8⁰. 1874. M. 5.—

Amtliche Nachrichten für Elsaß Lothringen. Verordnungen und Bekanntmachungen des General-Gouverneurs, des Civil-Commissars und des Oberpräsidenten. August 1870 bis Ende März 1879. 4⁰. 1879. M. 6.—

Verordnungen und amtliche Nachrichten für Elsaß-Lothringen aus der Zeit vom Beginn der deutschen Occupation bis Ende März 1872. Herausgeg. vom Oberpräsidial-Bureau. 8⁰. 1872. M. 4.—

Das Elsaß-Lothringische Forststrafrecht. Gesetz, betreffend das Forststrafrecht und das Strafverfahren vom 28. April 1880. Textausgabe mit Anmerkungen. 1880. 8⁰. 40 S. kart. 60 Pf.

Förtsch, R. u. A. Leoni. Sammlung der in Elsaß Lothringen in Geltung gebliebenen französischen Strafgesetze, mit Erläuterungen und Sachregistern herausgeg. 2 Theile. 8⁰. 1875, 1876.
I. Theil: Presse, Fischerei, Feldpolizei, Vereins- und Versammlungsrecht. (Vergriffen.)
II. Theil: Die übrigen Materien enthaltend. M. 6.—

Die in Elsaß Lothringen geltenden Gesetze über das Fuhrwesen. Uebersetzt und herausgegeben im Auftrage des kaiserl. Oberpräsidiums. 8⁰. kart. 1877. 60 Pf.

**Die Gesetze über Enregistrements=, Stempel= und Hypo=
thekengebühren** und ähnlichen Abgaben in Elsaß=Lothringen.
Der Zeitfolge nach zusammengestellt, übersetzt und herausgegeben
von **Karl Jacob,** kaiserl. Regierungsrath. 8°. 1878.   M. 6.—

Schöffen=Büchlein für Elsaß=Lothringen. Ein Hilfsbuch für
Schöffen, Amtsrichter, Amtsanwälte, Rechtsanwälte, Bürgermeister
und Polizeikommissare; von **N. Förtsch,** Landgerichtsdirektor in
Metz. — Manuel des échevins d'Alsace-Lorraine. Guide pour
Messieurs les échevins, juges et procureurs cantonaux, avo-
cats, maires et commissaires de police. Traduction française
par G. Gunzert, président de Chambre à Strasbourg. 8°. cart.
1880.   M. 2.40

**Die Elsaß=Lothringischen Ausführungsgesetze und Ver=
ordnungen zu den Reichsjustizgesetzen,** einschließlich des
Gesetzes über die Gewerbegerichte und des Forststrafgesetzes. —
Les lois et ordonannces d'exécution des lois de justice de
l'empire d'Allemagne y compris la loi sur les Prud'hommes
et le Code pénal forestier. 8°. 367 S. 1880.   M. 4.—
Deutscher Text mit französischer Ueberseßung und Commentar.

Das Elsaß=Lothringische Jagdgesetz. Textausgabe mit fran=
zösischer Ueberseßung und Anmerkungen von einem **Mitgliede des
Landes=Ausschusses.** — Loi sur l'exercice du droit de
chasse en Alsace-Lorraine. Texte allemand et français avec
annotations par un membre du Landes-Ausschuss. 1881. 8°.
31 S. kart.   80 Pf.

Das Elsaß=Lothringische Jagdpolizeigesetz nebst der darauf
bezüglichen Verordnung. Textausgabe mit französischer Ueber=
setzung und Anmerkungen von einem **Mitgliede des Landes=
Ausschusses.** 2. Aufl. — Loi et ordonnance ministérielle
sur la police de la chasse. Texte allemand et français avec
annotations par un membre de la Délégation. 2e éd. 1883. 8°.
41 S. kart.   80 Pf.

Das Elsaß=Lothringische Katastergesetz. Textausgabe mit
französischer Ueberseßung und Anmerkungen von Dr. **Wilhelm
Gunzert,** Landgerichtsdirektor zu Straßburg, Mitglied des
Landesausschusses. — Loi sur le renouvellement du cadastre
en Alsace-Lorraine. — Texte allemand et français avec
annotations par Guill. Gunzert, vice-président du tribunal
de Strasbourg, député à la Délégation. — 1884. 8°. 88 S. kart.
                                                          M. 1.50

**Die Gesetzentwürfe betreffend die Einführung des Grund=
buchsystems in Elsaß Lothringen.** — Les projets de lois
concernant l'introduction du système des livres fonciers
en Alsace-Lorraine. — 1885. 8°. 89 S.   M. 1.50